Manos Creativas

DECORACIÓN DE PAREDES

M. L. P.

Parramón

Decoración de paredes

Dirección editorial: Mª Fernanda Canal
Textos y realización de ejercicios: David Sanmiguel
Diseño gráfico y maquetación: Jordi Martínez
Dirección de arte: Jordi Martínez
Fotografía: Estudio Nos & Soto y Cecilia Innes
Estilismo: Adriana Berón
Dirección de producción: Rafael Marfil

ISBN: 84-342-2143-8
Depósito legal: B-1.612-2002

Tercera edición: enero 2002

Gran Via de les Corts Catalanes, 322-324
08004 Barcelona - España

Sumario

Introducción

La moda de la decoración de paredes responde a una necesidad muy actual, la de acomodar la vida privada a parámetros más personales, menos mediatizados por el apremio y la rutina de las obligaciones diarias. Las personas nos interesamos cada vez más por lo artesanal, por los diseños originales y las piezas no producidas en serie. El auge del bricolaje, de los oficios artesanos tradicionales como la restauración de muebles o la creación de complementos para el hogar, es un síntoma de esta nueva situación.

La pintura decorativa es otra de las vertientes de este nuevo espíritu. Pintar las paredes del hogar es algo que puede hacer cualquier persona que guste del trabajo manual y esté dispuesta a dedicar parte de su tiempo libre a realzar decorativamente la ambientación de su hogar. Basta un poco de interés y cierto sentido estético.

La primera parte de esta obra está dedicada a repasar los materiales básicos necesarios para comenzar a trabajar así como las técnicas y procedimientos más habituales. El lector encontrará asimismo interesantes orientaciones sobre el empleo del color, tanto en el aspecto técnico de las mezclas, como desde el punto de vista estético, con sugerencias y consejos sobre cómo adecuar las tonalidades a cada estancia.

En la segunda sección se realizan un total de catorce proyectos especialmente diseñados para este libro. Estos proyectos se pueden llevar a cabo con materiales y pinturas convencionales, todas ellas a base de agua, para que el lector no encuentre dificultades a la hora de preparar y aplicar el color. Son proyectos rápidos, que no requieren largos tiempos de espera ni elaboraciones complicadas y pueden adaptarse a la inmensa mayoría de las viviendas modernas. Esta sección se complementa con dos páginas de diseños de estarcidos originales.

Todo el esfuerzo invertido en esta obra tiene por fin facilitar al lector la realización de cualquier trabajo contenido en ella. Estamos convencidos que en estas páginas encontrará usted inspiraciones e ideas adaptables a las particularidades de su hogar.

David Sanmiguel

capítulo

1

Preparación de paredes

Pinturas y medios

El color en la decoración

Cómo mezclar los colores

Procedimientos

Materiales y utensilios

Consejos prácticos

Recursos decorativos

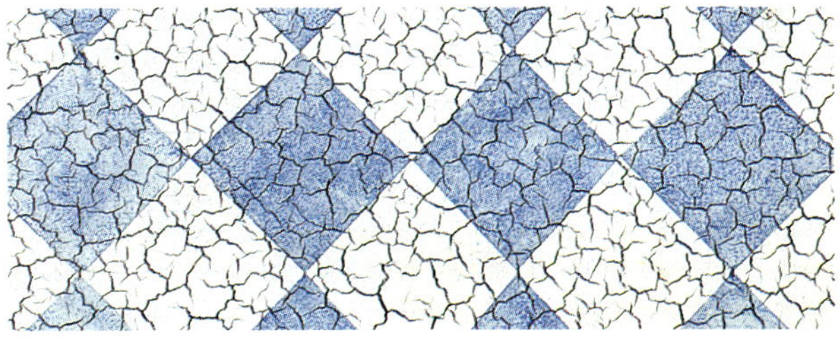

Procedimientos y Materiales

Los materiales necesarios para realizar decoraciones originales son sólo unos pocos más de los que se utilizan para pintar paredes mediante técnicas convencionales. En estas páginas se detallan todos ellos, junto con la manera de utilizarlos provechosamente.

Preparación de paredes

Una buena preparación de las paredes exige bastante más tiempo que el pintado propiamente dicho, pero vale la pena. Lo que no se haya solucionado en estas fases de preparación será imposible remediarlo a base de capas de pintura. Aquí presentamos un breve inventario de los trabajos preparatorios más comunes que tendremos que afrontar antes de crear cualquier efecto decorativo.

1. Mojar el papel viejo

A veces es posible desprender el papel en seco levantando y tirando de los extremos inferiores. Pero cuando el papel está bien adherido y obliga a usar la espátula para desprenderlo, lo mejor es empaparlo con agua muy caliente con ayuda de una esponja o una brocha grande, comenzando por la parte superior para que las zonas bajas se vayan humedeciendo. Cuanto más mojado esté el papel, más fácil será desprenderlo.

2. Eliminar la cola o el temple

Puede ocurrir que al empapar papeles muy viejos para desprenderlos de la pared, se forme una pasta en sus superficie. Esto puede ser debido al exceso de cola o a capas de pintura al temple que se disuelven por acción del agua. En tal caso, tendrá que eliminarse este recubrimiento con más agua, a la que se añadirá un poco de detergente.

3. Rascar el papel con una espátula

Tras haberlo mojado varias veces con agua caliente, puede comenzarse a desprender el papel con ayuda de una espátula. Debe aplicarse la espátula en diagonal, comenzando por la parte de abajo, con la hoja tan plana como sea posible para evitar que deje muescas en el yeso.

4. Eliminar restos de papel

Una vez arrancado el papel, quedarán pequeños restos muy finos adheridos a la superficie del yeso. Es conveniente eliminarlos completamente para que no se mezclen con la pintura nueva creando pequeñas virutas o causando desprendimientos de la capa de color. Pueden eliminarse fácilmente mojándolos y pasando sobre ellos el filo de la espátula rígida.

5. Preparación de la masilla

Tras haber desprendido el papel viejo, el yeso de la pared presentará grietas y desconchados que habrá que cubrir con masilla. La masilla en polvo se debe preparar mezclando algo menos de medio litro de agua por cada kilo de masilla, amasando bien la mezcla con una espátula ancha y dejando reposar la pasta durante unos 20 minutos.

6. Manejo de la masilla

Para aplicar la masilla con comodidad, debe trabajarse con una espátula ancha y rígida y otra cuadrada y flexible, llamada espátula de masillar. En la primera de ellas se acumulará una buena cantidad de masilla que permita trabajar durante un rato en distintas partes de la pared sin tener que volver a por más tras cada aplicación.

7. Tomar la masilla con la espátula flexible

Utilizando la espátula rígida a modo de paleta, puede ir tomándose de ella pequeñas porciones de masilla con la espátula de masillar. Es mejor quedarse corto que excederse en la cantidad, porque los agujeros y muescas que han de taparse nunca son demasiado profundos; si lo fueran, la masilla no sería suficiente y habría que volver a enyesar.

8. Abrir las grietas

Para tapar grietas no demasiado profundas, es necesario abrirlas con el canto de la espátula rígida antes de masillar para desprender todo el yeso inestable, evitando así que vuelvan a abrirse. Pero si son grietas debidas a problemas estructurales o desprendimientos de la capa de yeso, el masillado no solucionará nada.

9. Masillado

Consiste en aplicar la pasta sobre las grietas, agujeros y hediduras pasando sobre ellos la espátula flexible cargada de masilla. Si el agujero o grieta son pronunciados, la masilla se hundirá ligeramente. En vez de intentar rellenar el hueco con más cantidad, debe esperase a que esta primera capa se seque para dar una segunda que iguale la superficie.

10. Allanado

Inmediatamente después de aplicar la masilla debe pasarse el filo de la espátula flexible sobre esa zona para eliminar las rebabas excesivas y allanar la superficie de la pared. Esa masilla sobrante quedará retenida en la espátula y podrá utilizarse de nuevo en otra zona del muro.

11. Lijado

Una vez la masilla esté completamente seca y nos hayamos asegurado de que no quedan pequeñas hendiduras por cubrir, procederemos a lijar las rebabas dejadas por la espátula con un taco de lija de grano medio hasta alisar toda la superficie.

12. Lijado al agua

Si se desea un acabado perfectamente liso y afinado, sin rastro de textura de ningún tipo, puede realizarse un lijado al agua después del lijado convencional. Las lijas al agua son hojas de papel de esmeril extremadamente fino que deben empaparse en agua antes de ser utilizadas. En la inmensa mayoría de los casos no será necesario este acabado.

13. Reservas y perfilados

Antes de comenzar a pintar, conviene asegurarse de que los suelos están cubiertos (mejor con sábanas viejas o, en su defecto, con papeles de periódico) y que se ha colocado cinta adhesiva "de pintor" alrededor de todos los marcos de puertas y ventanas para evitar manchas de pintura. Hecho esto, se comienza a pintar con un pincel de mechón redondo, perfilando todos los límtes entre paredes y marcos.

14. Pintado

Si se ha decidido trabajar con pinturas plásticas, lo mejor será dar una primera capa de pintura plástica blanca que iguale el tono de la pared y evite que las zonas masilladas se noten en el acabado final. Si se proyecta un efecto de esponjado, drapeado o transparencia de color, debe darse una segunda capa para que la base resulte de un blanco perfectamente uniforme.

M.L.P.

Pinturas y medios

La moderna industria de pinturas ofrece una enorme cantidad de materiales diversos adaptados a todas las necesidades. En esta obra nos limitamos a las pinturas al agua, dejando de lado las pinturas al aceite y esmaltes, que requieren disolventes especiales y son algo más difíciles de manipular. Éstas son las principales variedades.

Pintura plástica

Es la pintura más utilizada en la decoración de interiores. Está compuesta por un medio vinílico o acrílico y pigmento, además de cargas (sustancias parecidas al yeso) que son las encargadas de dar cuerpo y densidad a la mezcla. La mejor pintura plástica es la más cubriente, la que contiene mayor cantidad de pigmento (que en las pinturas blancas es dióxido de titanio). Vale la pena gastar un poco más y adquirir pintura de buena calidad; la mayoría de las pinturas económicas contienen demasiada carga y, aunque presentan una consistencia muy espesa, cubren poco.

La pintura plástica es soluble en agua, seca rápido, no huele y permite una fácil limpieza de los utensilios. Los proyectos de este libro están realizados a partir de bases de pintura plástica blanca o teñida con colorantes. Sobre paredes limpias y sin humedades, conviene dar al menos dos manos, la primera más disuelta en agua que la segunda. Cada fabricante aconseja el grado de disolución que conviene en cada mano; lo normal es rebajar la primera en un 20% o 30% de agua y la segunda en un 10% o 15%. Si la pared es muy porosa, la primera capa debe ser mucho más líquida, en una disolución del 50%.

Pintura plástica satinada

Presenta un acabado más fino y lustroso que la pintura mate. Su calidad ligeramente brillante la hace desaconsejable en paredes con irregularidades, porque las destaca. Es más resistente a la suciedad y de más duración que la pintura mate. Es la más indicada para realizar efectos decorativos que requieran una rotulación uniforme.

Tintes

Son líquidos de tono muy concentrado que se utilizan para colorear la pintura blanca. Cunden mucho, y unas cuantas gotas pueden teñir varios litros de pintura. Es importante seguir las proporciones establecidas por cada fabricante y no sobrepasar ciertos límites, a partir de los cuales el tinte sobrenada en la pintura sin mezclarse con ella.

Colores acrílicos

Las pinturas acrílicas se han convertido en un medio artístico tan importante como la pintura al óleo. En decoración, los colores acrílicos son casi insustituibles en los estarcidos, trabajos a pincel o en cualquier otro efecto realizado sobre una base de pintura plástica. Se comercializan en tubos y botes, en una gama de tonos tan amplia como la de los colores al óleo. Se diluyen en agua y secan con rapidez. Por su cremosidad, son muy fáciles de mezclar y permiten acabados semitransparentes, cubrientes o incluso texturados. Pueden mezclarse con la pintura plástica, aunque su poder tintóreo (su capacidad para teñir) es muy inferior al de los tintes. Algunos fabricantes comercializan versiones mates y brillantes de cada color.

Pintura plástica mate

Es la de uso más fácil y la más adaptable a la mayoría de trabajos de decoración. Da un acabado opaco y sin brillo, con una textura ligeramente aterciopelada. Esto la hace ideal para disimular cualquier irregularidad de la pared. Seca muy rápido, es muy fácil de teñir o colorear con pigmentos, y se puede diluir mucho, facilitando el trabajo a base de veladuras. Al ser porosa, se ensucia con más facilidad que otras pinturas, aunque, tratándose de pintura plástica, se puede lavar.

Látex

Se trata de acetato de polivinilo, un líquido denso y de color lechoso que se hace transparente al secarse. Es el aglutinante de las pinturas vinílicas, es decir, la sustancia a la que se agrega el pigmento para obtener la pintura plástica. El látex tiene múltiples aplicaciones en pintura decorativa y es casi imprescindible a la hora de trabajar con pigmentos. Es muy útil para dar transparencia al color sin rebajar demasiado su consistencia. Es soluble en agua y puede mezclarse tanto con pintura plástica como con colores acrílicos.

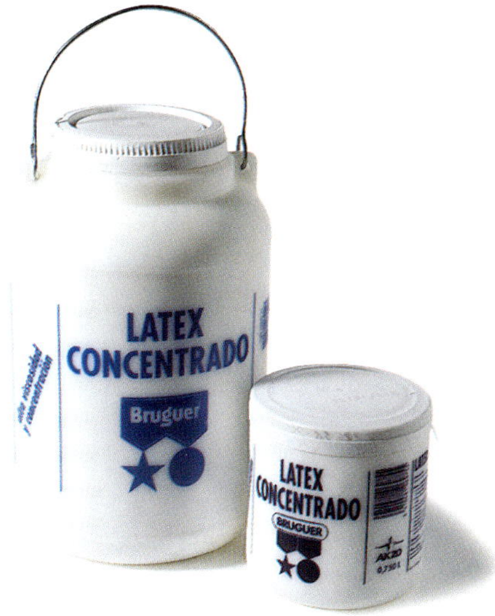

Pasta de estuco y de modelar

La pasta de estuco permite obtener efectos muy texturados, aplicándola con rodillo de estucador y trabajándola posteriormente con diversas herramientas. Si la pared es grande, es aconsejable trabajar por zonas para evitar que la pasta se seque antes de ser manipulada. La pasta de modelar permite trabajar en detalles decorativos tales como estarcidos, cenefas o motivos ornamentales sencillos. Tarda algo más en secar que la pasta de estuco, por lo que puede trabajarse durante más tiempo.

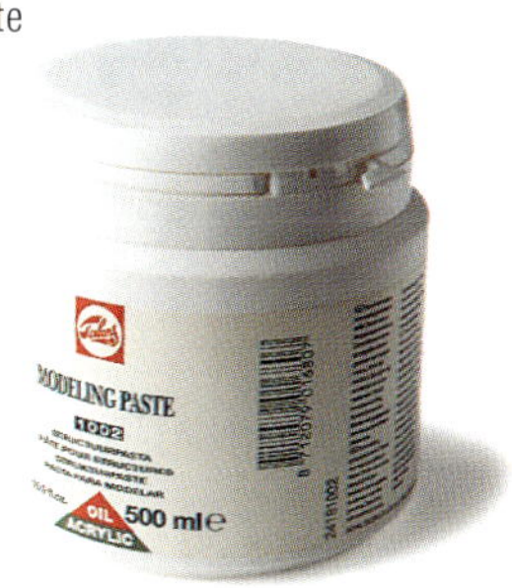

Tapagrietas

A menos que las paredes se encuentren en muy buen estado, es necesario prepararlas con masilla tapagrietas para suprimir todas las irregularidades.

Esta masilla se vende en pasta y en polvo. El tapagrietas en polvo debe mezclarse con agua y pastarse hasta conseguir una masa espesa de fácil aplicación.

Pigmentos

Todas las pinturas están compuestas de un aglutinante y de pigmentos, que son los que confieren el color. Los pigmentos en polvo pueden adquirirse en bolsas. Su precio varía según el color. Los más asequibles y comunes en la decoración de paredes son las tierras naturales, tonos en su mayoría derivados del óxido de hierro que van desde un pardo muy oscuro, hasta el ocre, pasando por el rojo óxido y las tonalidades marrones y anaranjadas. Mezclándolos con látex, se pueden obtener tonos muy intensos, tanto transparentes como completamente opacos. Pueden utilizarse para teñir la pintura plástica blanca, pero no directamente, sino habiéndolos mezclado antes con látex.

El color en la decoración

Decorar una vivienda toma tiempo y trabajo, y es preciso asegurarse de que los colores y tratamientos elegidos van a rendir un efecto satisfactorio. En estas páginas se introducen algunos criterios y consideraciones básicas acerca de la forma y tamaño de las habitaciones, su iluminación o el uso al que van destinadas, que deben tenerse en cuenta antes de empezar cualquier proyecto.

Los colores intensos rinden su mejor resultado a plena luz. Este muro exterior está realizado con pigmentos aplicados mediante una basta brocha de encalar. El resultado encaja con la sencillez del entorno rústico y revela la textura original del enlucido de la pared.

Colores y tendencias

La moda de las decoraciones artesanales, de los colores intensos, de los estarcidos y motivos ornamentales, de las texturas, "envejecidos" y efectos diversos no es sino una recuperación de multitud de técnicas y estilos que tuvieron vigencia en distintos momentos históricos. Todos ellos están estrechamente vinculados a las formas arquitectónicas imperantes en cada época. Esta recuperación se debe en buena parte al deseo de personalizar unos hogares demasiado estandarizados por la arquitectura funcionalista típica de los apartamentos modernos .

Pero más allá de lo que la moda dicte en cada momento, al decorar las paredes de nuestra casa o apartamento debemos atender sobre todo a nuestro gusto, porque nadie sino nosotros va a disfrutar -o sufrir- los resultados. Nunca se debe realizar un proyecto del que no estemos plenamente convencidos, por mucho que venga avalado por buenos profesionales. Pero antes de tomar una decisión, es importante considerar ciertos criterios elementales.

La luz también decora. Las sombras, reflejos y penumbras modifican la apariencia del color y son factores que hay que tener en cuenta al emprender cualquier proyecto decorativo. En esta imagen, el jaspeado del color se complementa, enriqueciéndose con los juegos de la luz tamizada por una cortina.

Tipo de estancia

No es lo mismo aplicar un determinado acabado en el dormitorio que en el baño, en una habitación soleada que en un cuarto sin luz natural. Deben considerarse los aspectos prácticos de funcionalidad o limpieza, así como el efecto psicológico de los colores y la técnica empleada. En una cocina o un baño, los acabados no deben ser demasiado delicados ni porosos. Los tonos de un dormitorio o de una habitación infantil deberían tener un efecto relajante, que puede lograrse tanto con colores atenuados como alegres. Las habitaciones en las que pasamos la mayor parte del tiempo deberían estar decoradas con tonos que resulten igualmente atractivos tanto a la luz diurna como nocturna. En los estudios y habitaciones de trabajo no es aconsejable utilizar ornamentaciones muy ricas. Todas estas consideraciones nacen del sentido común, pero no son reglas estrictas: el color y los motivos decorativos admiten infinidad de tratamientos y a veces el exceso de discrección empobrece en vez de armonizar.

Una habitación de amplias dimensiones permite todo tipo de tratamientos decorativos. En este caso se ha adoptado una solución inspirada en la pintura popular, trabajada con pigmentos naturales de color siena y tierra en perfecta armonía con el ocre de la pared.

La luz

La intensidad y el tipo de luz de la habitación que va a decorarse es un factor esencial. Una luz natural abundante aviva los colores: un tono pálido en una habitación de paredes amplias resulta más vistoso de lo que podría preverse al ver sólo una pequeña muestra de él. Pintar una habitación de las mismas características con un tono intenso resultará en un efecto algo violento, que puede armonizarse matizando la entrada de luz con cortinas o persianas.

Las habitaciones orientadas al sur reciben una luz más cálida que el resto, una luz que acentúa la calidez del color: los amarillos, anaranjados y rojizos pueden resultar agobiantes, mientras que los tonos azulados o azul-verdoso quedarán realzados. Inversamente, las estancias orientadas al norte requieren de tonos cálidos que compensen la frialdad de la luz.

La luz artificial altera la apariencia de algunos colores, haciéndolos más verdosos o amarillentos. Esto suele ocurrir con los tonos pálidos y ligeramente agrisados. Por lo tanto, antes de aplicar estos colores, es importante comprobar el aspecto que ofrecerán colocando una pieza de cartón pintada bajo diversas iluminaciones.

El tamaño

El acierto en los colores puede "agrandar" visualmente una habitación, o empequeñecerla. Los colores claros dan sensación de espaciosidad, los oscuros reducen el espacio.

Una estancia de techos demasiado altos puede resultar visualmente más proporcionada si se incluye un zócalo alto que reduzca la elevación de los muros. Un friso que recorra el límite superior de las paredes produce un efecto similar.

En habitaciones bajas no es una buena idea pintar el techo, porque esto las achata todavía más. Para este tipo de estancias puede ser un buena solución pintar la pared a base de listas o bandas verticales.

Alternar muros de distinto color en una misma habitación puede dar magníficos resultados en estancias de diseño complicado, con diversas esquinas y rincones. Esta solución requiere de un cuidadoso proyecto que tome en cuenta cuáles son las principales entradas de luz y el uso o los usos a los que la habitación va destinada. El esquema cromático tiene que basarse en colores armónicos de semejante intensidad, sin excesivos contrastes de tonos claros y oscuros.

Colores lisos y texturados

Un mismo color varía completamente de aspecto según se aplique en capas uniformes o mediante veladuras y efectos que alteren la unidad de la capa. Los esponjados, drapeados o las mismas veladuras son algunos métodos de texturado del color. La mayoría de estos procedimientos dan profundidad al efecto cromático, disimulan las irregularidades y suavizan la estructura angular de las estancias. Son especialmente efectivos en casas rústicas, combinando con muebles antiguos o con vigas y marcos de madera vista. Un color azulado aplicado en veladuras suaves amortigua la presencia del muro y puede hacer más acogedora una habitación pequeña y mal iluminada.

Los pasillos y corredores plantean ciertas dificultades a la hora de elegir una solución decorativa. Es una buena idea escoger colores luminosos y poco saturados para que los efectos de luz y contraluz típicos de estas piezas no creen una sensación opresiva o lúgubre.

Todo proyecto decorativo debe tomar en cuenta el mobiliario y el espíritu adecuado a cada habitación. Un rincón reservado a muebles viejos, o incluso a trastos, puede realzarse decorativamente empleando acabados a base de transparencias y de aplicaciones irregulares y libres del color.

Los chorreos de pintura pueden afear el resultado o, por el contrario, realzar y enriquecer la decoración. En el caso de la foto, esos chorreos han estado deliberadamente buscados para crear una suerte de patrón decorativo que, por repetirse a lo ancho del muro, resulta coherente y atractivo.

Cómo mezclar los colores

La mezcla de colores es una técnica sencilla basada en unas cuantas nociones generales aplicables tanto a la pintura artística como a la decoración. La teoría del color establece una secuencia elemental de mezclas que hay que respetar para conseguir los tonos deseados. Por lo demás, las mezclas deben realizarse progresivamente hasta conseguir un resultado homogéneo.

Colores primarios

Se llaman colores primarios a aquellos que no pueden conseguirse mezclando otros tonos. Los primarios son el amarillo, el azul y el magenta (o rosa muy intenso). En el esquema adjunto se muestran los colores que se obtienen al mezclar estos tres primarios: el magenta y el amarillo dan el rojo; el amarillo y el azul forman el verde, y mezclando azul y magenta se consigue el azul intenso o violeta. Las bandas de color ilustran diversas mezclas de azul y amarillo, amarillo y rojo, y verde y amarillo (que dan un verde claro pero de un tono muy distinto al que se obtiene al mezclar ese mismo verde con blanco).

Gama cálida

La gama de colores cálidos la componen todos aquellos colores que resultan de mezclar amarillo, rojo, siena ocre y todos los tonos similares a ellos: tierras, marrones, anaranjados, etc. Si a estas mezclas se añade la participación del blanco, el resultado es una colección de tonos muy extensa de la que se da aquí una muestra correspondiente a una carta de color de pinturas decorativas. Los tonos cálidos intensos son adecuados a estancias orientadas al norte y bien iluminadas por la luz natural.

Matices interesantes

Los principios básicos de mezclas de color tienen verdadero interés cuando trabajamos con tonos armónicos adecuados a la decoración. Las dos gradaciones que aparecen sobre estas líneas muestran diversos matices obtenidos mezclando siena, ocre y blanco (izquierda), y una gama de azules rebajados producto de la mezcla de gris neutro y azul cobalto.

Gama fría

Esta colección de tonos fríos es resultado de mezclar azules, violetas y verdes. Estas combinaciones se enriquecen al aclararlas con blanco y al oscurecerlas con grises azulados. Los colores fríos en tonalidades tenues dan muy buen resultado en habitaciones bañadas por luces cálidas. Si deseamos emplear tonos intensos, siempre es mejor elegir tonalidades puras, con pocas mezclas, para que la relativa oscuridad del tono quede compensada por la limpieza de su color.

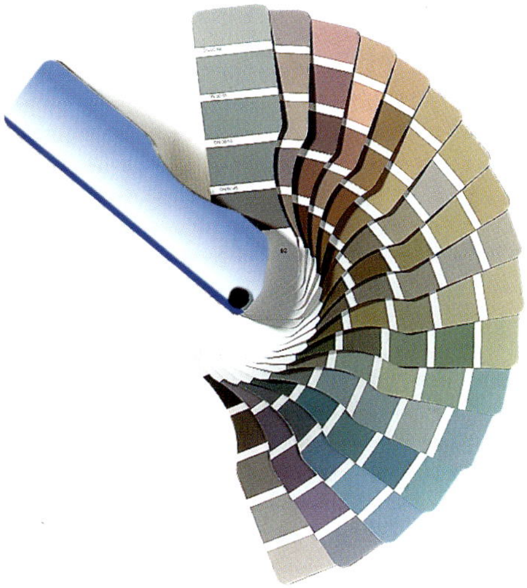

Gama quebrada

La gama de los colores quebrados está compuesta por coloraciones producto de las mezclas entre cálidos y fríos. Estas mezclas dan como resultado entonaciones grisáceas que, aclaradas con blanco, permiten combinaciones armónicas entre varios colores con poco riesgo de desacorde. Estos colores suelen resultar más "serios" que los tonos intensos de las otras gamas, adecuados a estancias formales o decoración convencional.

Mezclar la pintura

La manera más común de mezclar la pintura cuando se utilizan tintes es agitarla con un bastón de madera directamente en el bidón. Hay que empezar añadiendo cantidades muy pequeñas de tinte para, a continuación, agitar enérgicamente. De este modo podremos controlar la intensidad del tono que desamos obtener añadiendo progresivamente más cantidad de tinte hasta dar con el tono justo. Si nos precipitamos en la adición del tinte, corremos el riesgo de oscurecer demasiado el color, lo cual nos obligaría a añadir una gran cantidad de blanco, desperdiciando color y encareciendo el trabajo.

Gama de colores pastel

Se consideran colores pastel todos aquellos tonos en los que el blanco domina en la mezcla. Son colores pálidos que pueden ofrecer un aspecto desteñido si no se eligen bien. En general, los tonos pastel que dan mejores resultados son los primarios y secundarios (obtenidos de la mezcla de primarios entre sí), es decir: amarillo, rojo, anaranjado, verde, azul y violeta. Los tonos grisáceos o muy mezclados tienden a parecer viejos o decolorados en sus versiones pastel.

De bidón a bidón

Una forma más rápida de conseguir una mezcla homogénea es verter el color de un bidón a otro. De esta manera, la pintura se bate y todo el tinte queda completamente integrado en la pintura. También en este caso debemos incrementar progresivamente las cantidades de tinte añadiendo sólo unas gotitas cada vez. En cada ocasión hay que asegurarse de que no quedan rastros de tinte sobrenadando en la pintura o acumulados en el fondo del bidón; esto indicaría que la mezcla no es totalmente homogénea.

Mezcla con hélice

Existen hélices especiales para mezclar color que pueden ser insertadas en un taladro. Constituyen el método más rápido y limpio de mezcla, puesto que la velocidad de rotación asegura una mezcla muy homogénea. Estas hélices sólo son útiles cuando se trata de mezclar muchos litros de pintura. En caso contrario lo mejor es proceder agitando la pintura con un bastón o vertiéndola de un recipiente a otro, tal como se ha explicado anteriormente.

Procedimientos

Cada acabado decorativo requiere su procedimiento de aplicación. La mayoría de estos procedimientos no implican más que el control de la densidad del color y el correcto uso de la esponja, el trapo o la herramienta adecuada. Los medios más simples son los que suelen dar resultados más vistosos, como demuestran las ilustraciones de estas páginas.

Texturas con pasta de estuco

Las pastas de estuco que los principales fabricantes sirven ya preparadas pueden utilizarse de muy diferentes maneras y permiten una gran cantidad de acabados distintos. Todos estos acabados se basan en las posibilidades que ofrece esta pasta a la hora de crear texturas y trazados ornamentales. La capa de estuco fresca puede ser trabajada con distintas herramientas (peines de púas, espátulas, rodillos de texturar, etc.), que dejan su huella característica hendida sobre la superficie.

Imitación de madera

Como el marmolado, la imitación de madera consite en extender distintas capas de pintura al óleo o acrílica y trabajarlas en húmedo con trapos, brochas o peines para conseguir el color y el veteado de la madera. Una variante sencilla de este método consiste en pasar un tampón semicircular de goma grabada sobre la capa de color fresca para estampar el veteado.

Imitación de piedra

Uno de los métodos más sencillos consite en aplicar capas sucesivas de color drapeado sobre la pared cuadriculada y reservada con cinta de pintor, trabajando zona por zona. Las distintas transparencias dan la impresión de superficie rugosa. Si a este efecto se añade un ligero sombreado en los límites de cada bloque, la impresión final es de un gran realismo.

Esponjado

La técnica del esponjado consiste en suaves aplicaciones de color mediante una esponja natural. Se pueden aplicar tantos colores como se deseen, aunque lo aconsejable son dos o tres tonos. El efecto final depende tanto de los colores elegidos como de lo tupido de las huellas de esponja, así como de la mayor o menor cantidad de textura en cada huella. Conviene elegir tonos en orden de claridad decreciente, aplicando primero el más oscuro y acabando por el más claro. Amarillos, ocres y verdes suelen combinar bien dentro de una gama cálida. Dentro de la gama fría, una buena combinación la ofrecen los grises claros y los azules.

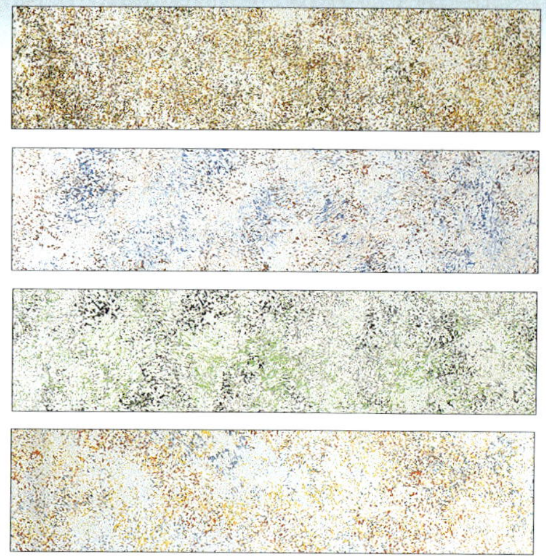

Drapeado

El drapeado consiste en crear una textura jaspeada en el color mediante aplicaciones sucesivas de un trapo –bien sea en muñeca o enrollado sobre sí mismo–, sobre el color húmedo. La pared se debe pintar por zonas no mucho mayores de 1 m² para evitar que el color se seque antes de haber podido aplicar el trapo. Cada una de estas zonas debe ser de forma irregular para que el resultado final no delate los límites entre mancha y mancha. El drapeado realizado con una muñeca de ropa de algodón, sin hilos, es probablemente más fácil que el que se trabaja con el trapo enrollado, pero este último es más rápido. El primero se basa en presiones sucesivas de la muñeca, que consiguen un jaspeado denso basado en la alternancia de zonas de color opaco y de color más transparente creado por el fregado de las partes del trapo en contacto con la pared. El segundo da un resultado más suelto y consiste en hacer rodar el trapo enrollado sobre la pared, moviéndolo con las palmas de ambas manos. Es posible crear efectos de color jugando con un fondo distinto al blanco.

Estucados

El estucado es la más antigua de las técnicas decorativas. Su origen se remonta al antiguo Egipto, desde donde se extiende al imprerio árabe y a las regiones de la ribera mediterránea. Se trata de un recubrimiento a la cal de fachadas e interiores que imita materiales tales como la piedra, el mármol, el jade o el alabastro, y que en sus versiones más sofisticadas incluye la vitrificación mediante la aplicación de planchas de metal caliente. Hoy en día el estucado o los diversos "falsos estucos" son denominaciones de muy diferentes técnicas realizadas con productos muy variados que solo tienen en común un resultado con más o menos matizaciones de color. El más extendidos es el del tipo veneciano. Consiste en un preparado a base de yeso, cola y tierras colorantes que se extiende en varias manos. Se trata del acabado decorativo de mayor calidad y también el más costoso y difícil de realizar.

Imitación de baldosa, azulejo o mosaico

Consiste en un efecto similar a la imitación de piedra, aunque más minucioso, puesto que aquí se trata de realizar el diseño decorativo característico de estos recubrimientos. Normalmente se trabaja al óleo o con pinturas acrílicas, sobre las que se puede extender una pátina con craquelador para lograr el efecto de agrietado o envejecido.

Imitación de cornisa

Para lograr el efecto ilusionista de una cornisa o cenefa hay que trabajar con colores al óleo, de secado lento, que permitan modelar la forma en claroscuro para que dé una impresión de relieve. Sobre este relieve se pueden pintar distintos ornamentos que enriquezcan el resultado final.

Trampantojo

El trampantojo, también conocido por su denominación francesa *trompe-l'oeil,* consiste en pintar decoraciones murales que imiten objetos o figuras reales, produciendo la sensación de que la pared desaparece y da paso a un espacio imaginario. Este tipo de efectos debe realizarse con materiales de pintura artística y requiere una considerable destreza en las técnicas de dibujo y pintura, así como un sólido conocimiento de los estilos de pintura.

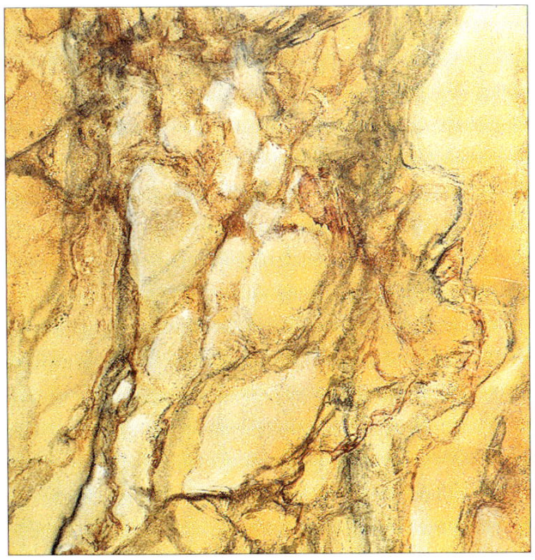

Marmolado

El marmolado o imitación de mármol es una de las aplicaciones tradicionales del estuco. Originalmente se realizaba a base de mezclar distintas pastas de estuco coloreadas y posteriormente bruñidas y embebidas en aceite para dotarlas del lustre característico del mármol. Hoy estas imitaciones se realizan con colores al óleo o acrílicos aplicados en capas transparentes y trabajadas con brochas suaves, trapos, pinceles y plumas para crear las tonalidades y veteados de la piedra.

Materiales y utensilios básicos

En estas páginas mostramos cuáles son los utensilios imprescindibles para la mayoría de proyectos decorativos. Todos ellos se comercializan en droguerías y tiendas de pinturas en distintas calidades y precios. Es aconsejable adquirir materiales de buena calidad, pues duran más y hacen más fácil el trabajo.

Brochas y pinceles

Es conveniente contar con dos o tres brochas planas de distintos tamaños, así como brochas redondas para perfilar esquinas y marcos de puertas y ventanas. Deben ser de pelo de cerda y es conveniente introducirlos en agua durante algunos minutos antes de utilizarlos para evitar que dejen pelos al pintar. Las brochas especiales para realizar fundidos, estriados y veteados son bastante más caras, aunque no son necesarias para los proyectos de este libro. Los pinceles deben ser de pelo sintético y mechón plano; no son necesarios más de dos. Tanto las brochas como los pinceles deben lavarse con agua y jabón después de su uso.

Cinta adhesiva

Debe ser de papel, nunca del tipo plástico, para no desprender la pintura de base al despegarla. Si se desea reducir aún más su poder adhesivo porque la capa pictórica es delicada, puede hacerse pasando un trapo por la cara adhesiva antes de pegarla a la pared. Conviene disponer de cintas de diversos grosores.

Rodillos

El pelo del rodillo determina el acabado de la capa pictórica. El rodillo de pelo largo deja una textura ligeramente granulada, buena como acabado en sí, pero que limita bastante los trabajos decorativos posteriores. El rodillo de pelo corto, o de esmaltar, da un acabado muy liso, ideal para aplicaciones posteriores con esponja u otros medios. El rodillo de estucar deja una superficie muy rugosa.

Cubo y rejilla

Imprescindibles cuando se pinta con rodillo. Pueden ser de plástico o metal y deben lavarse a conciencia después de cada uso para evitar que la pintura obture las aberturas de la rejilla y queden restos de pintura seca que puedan mezclarse con la pintura nueva en trabajos posteriores.

Esponja natural

Muy útil en todo tipo de trabajos. Estas esponjas suelen ser caras, sobre todo en los tamaños grandes, pero si se cuidan pueden durar mucho. No existen dos iguales, y debe elegirse aquella cuyos poros (distintos en ambas caras) se ajusten mejor al tipo de esponjado que se desea realizar: cuantos más poros, menos tupido será el acabado.

Esponjas sintéticas

Son baratas y muy útiles tanto para realizar acabados especiales como para mantener limpio el material de trabajo. Podemos cortarlas a pedazos para facilitar estarcidos de pequeño tamaño. En la mayoría de los esponjados será preferible romper la esponja por la mitad para conseguir una superficie rasgada irregular que deje una huella acorde con nuestras necesidades.

Espátulas rígidas

Muy útiles tanto para preparar las paredes como para mezclar ciertos pigmentos. Es conveniente disponer de espátulas de distintas anchuras. Tras acabar el trabajo deben eliminarse los restos secos rascando la hoja de una de ellas sobre la de otra hasta que tanto la superficie como los cantos queden completamente limpios.

Espátulas dentadas

Adecuadas para grabar texturas lineales sobre superficies de estucado grueso. Se comercializan sueltas y en paquetes de tres espátulas de distintos tamaños. Es muy importante limpiarlas cuando la pintura no se ha secado completamente, de lo contrario los restos secos son muy difíciles de eliminar y pueden inutilizarlas completamente.

Espátulas de masillar

Son más anchas y flexibles que las espátulas rígidas y permiten aplicar la masilla sobre la pared dejando un rastro mínimo. Se venden en paquetes de cuatro espátulas de distinto tamaño. Es importante que la hoja esté completamente limpia de cualquier resto seco, pues esto provocaría surcos y marcas en el masillado que se harían visibles al pintar.

Llanas

Las llanas son imprescindibles cuando se trabaja con pasta de estuco o cualquier otra pasta densa. Es aconsejable disponer de dos de ellas: una grande y cuadrada para transportar la pasta; y otra más pequeña y ligera, de cantos redondeados, para aplicar el estuco sobre la pared. Como en el caso de las espátulas para masillar, las superficies de las llanas deben estar completamente limpias.

Recipientes

Sorprenderá descubrir la gran cantidad de recipientes que son necesarios durante el trabajo: cubos de pintura, cubos de agua limpia, recipientes para mezclas, cubetas para esponjados, etc. Las garrafas de agua de cinco o más litros, cortadas por la mitad, son unos recipientes perfectos y muy económicos. Además, es importante contar con cubos de distintos tamaños, cubetas, platos de plástico, bandejas y cualquier otro recipiente de caras lisas en los que la pintura no pueda quedar incrustada.

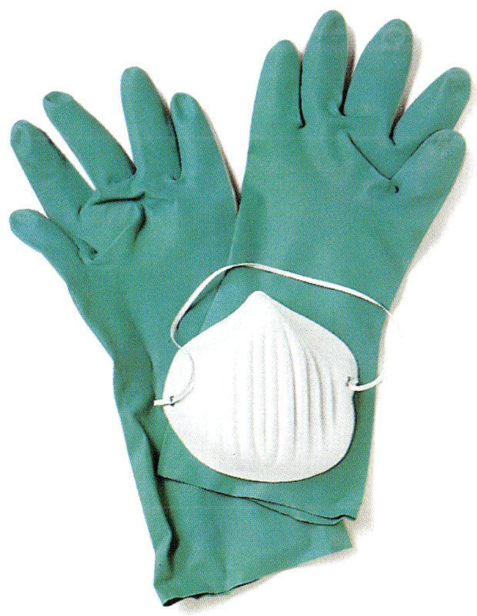

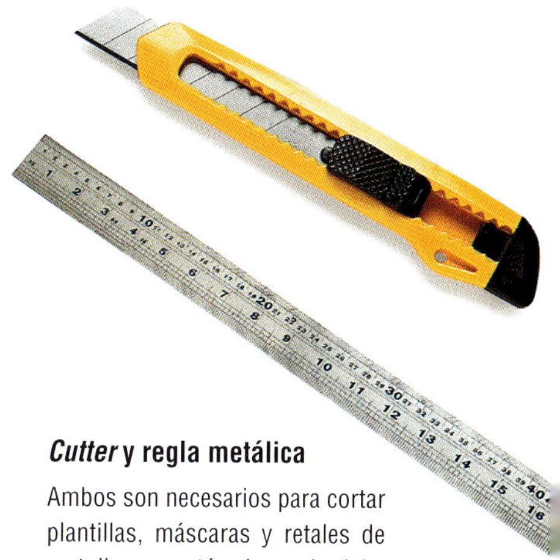

Mascarilla y guantes

Cuando se trabaje con disolventes o con pigmentos en polvo que contengan metales pesados (plomo, cadmio, cobalto, etc.), deben usarse mascarilla y guantes de goma especiales. Estas medidas de protección deben complementarse con una buena ventilación del recinto en el que trabajemos.

***Cutter* y regla metálica**

Ambos son necesarios para cortar plantillas, máscaras y retales de cartulina o cartón. La regla debe ser larga y de metal, porque el plástico quedaría rápidamente mellado al realizar sucesivos cortes con el *cutter*. Como complemento, es interesante disponer de un tapete de goma plastificada para que el *cutter* no raye la superficie de la mesa de trabajo.

Cinta métrica

Para realizar mediciones cómodas y ajustadas es imprescindible disponer de una cinta métrica metálica de buena calidad y no menos de cinco metros.

M.L.P.

capítulo

2

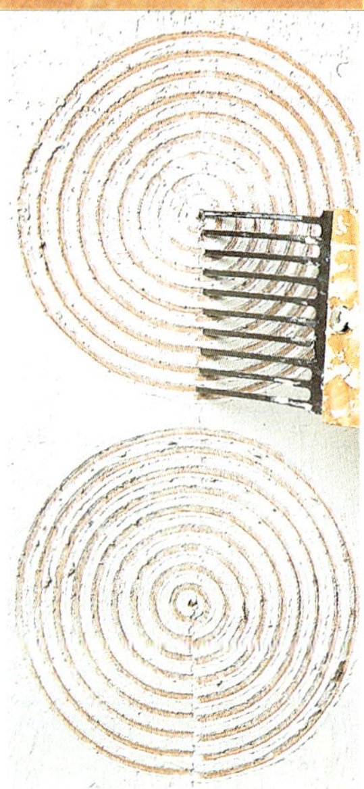

Proyectos

Las decoraciones desarrolladas en las páginas que vienen a continuación ofrecen un amplio catálogo de posibilidades pictóricas basadas en métodos sencillos. Todas y cada una de ellas admiten muy diversas variantes, tanto en el color como en el tratamiento y pueden adaptarse a todo tipo de habitaciones. Para realizarlas será suficiente con tener a mano los materiales adecuados y seguir el orden propuesto en las secuencias fotográficas. Sorprenderá lo fácil que es conseguir resultados realmente brillantes.

Bandas informales
Pincelada suelta

La forma abuhardillada de la estancia refuerza el efecto pictórico de este acabado, creando un cambio de tono debido a la luz. Los trazos verticales proporcionan una elevación visual a esta habitación de techo bajo.

A veces las ideas más descabelladas son las mejores. El proyecto de una decoración listada, a base de brochazos desordenados, no parece muy prometedor en principio. Pero una correcta elección del color y de las dimensiones de las bandas puede dar resultados armoniosos y de un vibrante dinamismo. Reconstruyendo el proceso que ha llevado al hermoso resultado de la página opuesta, comprobaremos que es muy sencillo decorar con imaginación y un poco de atrevimiento.

MATERIAL NECESARIO

- Pigmento ocre
- Látex
- Pintura plástica blanca mate
- Acrílico siena tostada
- Pincel grueso de pelo suave
- Brocha redonda

1

2

1 Los dos colores que requiere este proyecto parten de una misma base de ocre aglutinado con látex. Por ser una tierra natural, el ocre es un pigmento fácil de aglutinar; con todo, conviene remover bien la mezcla para evitar que queden partículas sueltas y grumos. No es necesaria una gran cantidad de color; para una habitación de tamaño medio basta con 1 l aproximadamente.

2 Para ajustar el tono, se añade una pequeña cantidad de acrílico color siena tostada, y se mezcla bien con el ocre hasta que el tono sea completamente uniforme. El color resultante debe ser un ocre rojizo.

3

El teñido de la pintura debe hacerse de forma progresiva, añadiendo cada vez una pequeña cantidad de color y mezclando a continuación hasta conseguir el color deseado.

3 Una pequeña parte del color obtenido servirá como tinte para colorear la pintura de fondo. Debe añadirse a una cantidad de pintura plástica blanca mate, que puede oscilar entre los 10 y 15 l, dependiendo del tamaño de la habitación. La mezcla debe ser de un color pastel, y se aplicará bastante espesa con un rodillo de pelo corto. Si el fondo es blanco, bastará con una capa.

4 Cuando el color de fondo esté completamente seco, comenzaremos a trazar las listas más delgadas con el pincel de pelo suave, utilizando el color de la primera mezcla muy rebajado con agua. Trabajaremos siempre de arriba abajo. Puede variarse la intensidad del color de cada lista cargando el pincel con más agua, y modificarse su grosor aplastando el mechón del pincel contra la pared o apoyándolo ligeramente.

Debe trabajarse con rapidez para que los trazos no parezcan dubitativos. No conviene que la pintura gotee o chorree demasiado, pero una gota aquí y allá puede tener su gracia.

4
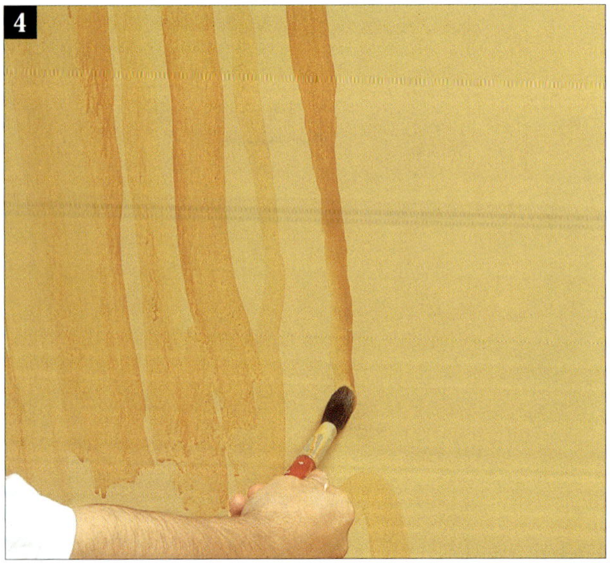

5

5 Primero se pintan las listas superiores, de una longitud aproximada de 1 m. A continuación se pintan las inferiores, variando ligeramente las inclinaciones. Los contactos entre ambas deben ser irregulares y cubrirse de vez en cuando con trazos horizontales en zigzag.

6 Si las bandas superiores parecen demasiado distanciadas en algún lugar, siempre se está a tiempo de añadir una lista más clara o más oscura. Pero es importante evitar demasiadas superposiciones, porque el efecto podría resultar un tanto sucio.

6

Debemos escurrir la brocha un poco antes de aplicar el color para evitar goteos.

7

7 Para alternar listas de distinto grosor, se utilizará una brocha redonda, aplicándola mediante giros mientras se traza la banda hacia abajo. Esto creará una interesante textura, sobre todo si el color no está demasiado disuelto.

8 Aplastando la brocha con color muy disuelto contra la pared, se consiguen bandas anchas y transparentes. La alternancia de trazos gruesos y delgados, claros y oscuros, es la clave para alcanzar el efecto deseado.

8

Si el color se hace tan transparente que casi se confunde con el fondo, debe cargarse la brocha con más color y continuarse el trazo antes de que la pintura se seque.

9 La continuidad entre las listas superiores y las inferiores, trabajando con brocha, debe ser visible: se trata de enfatizar los puntos de contacto entre banda y banda mediante trazos gruesos.

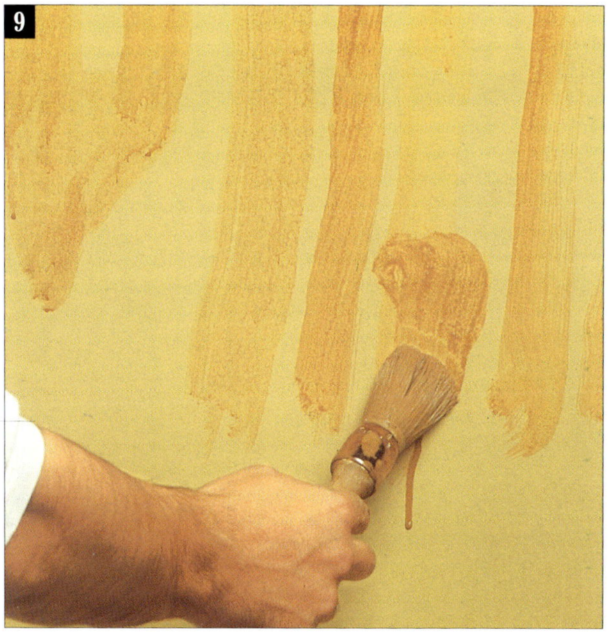
9

Los goteos que se produzcan al comenzar la banda no tienen importancia, porque los cubriremos inmediatamente con la brocha, extendiéndolos enseguida hacia abajo.

Inspiración marina
Textura y apliques de escayola

La forma tradicional de trabajar la escayola son las molduras historiadas de techos y repisas. Un uso más sencillo y acorde con el gusto contemporáneo son los apliques en friso de formas simples. Este friso de conchas se integra en la pared gracias al acabado granuloso y al color en veladura. Este proyecto puede ser la solución decorativa a un baño en el que deseemos algo no estrictamente funcional.

La clave de este proyecto está en la matización del color mediante veladuras, que realza la calidad texturada de la pared. La distancia entre las conchas depende de su tamaño: cuanto mayores sean, más separación debe haber entre una y otra.

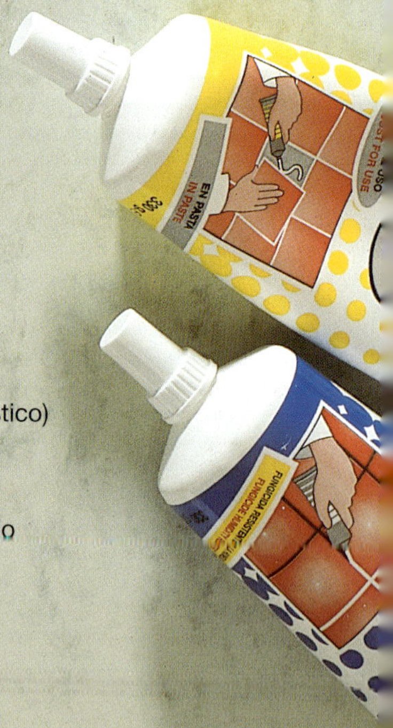

MATERIAL NECESARIO

- Moldes (bandejas de cóctel de plástico)
- Polvo de escayola
- Vaselina en crema
- Arena de río lavada o mármol molido
- Látex
- Cola para azulejos
- Masilla para juntas
- Pintura plástica blanca mate
- Tintes azul y negro
- Brochas
- Papel de lija de grano fino
- Tijeras o un destornillador
- Espátula dentada

1 Estos moldes son pequeñas bandejas de cóctel que pueden comprarse en establecimientos especializados en mantelerías y vajillas de papel y plástico. Para evitar que la escayola se pegue, debe embadurnarse su interior con vaselina en crema.

2 Para mezclar la escayola, puede utilizarse una botella de agua de plástico, cortada por la mitad. Se vierte en ella aproximadamente medio litro de agua y la suficiente escayola para que sobrenade en la superficie. Con esta cantidad pueden llenarse unos cuatro o cinco moldes.

3 Las piezas pueden ser retiradas del molde cuando haya desaparecido la película de agua que queda sobre la escayola al fraguar (al cabo de unos 15 minutos). Cuando la escayola esté completamente seca, se graban unas muescas en la cara que va encolarse con unas tijeras o el extremo de un destornillador.

4 Una vez decidida la disposición de las conchas en la pared y marcado a lápiz el contorno de cada una de ellas, se extiende cola de azulejos con una espátula dentada. Luego, hay que esperar unos minutos hasta que la cola se endurezca ligeramente.

5 Para pegar la concha, debe presionársela contra la zona encolada con movimientos giratorios, de manera que la cola penetre en las muescas y se adhiera bien. Pasadas dos o tres horas, la cola estará seca y se procederá a sellar las juntas laterales con masilla, allanando los grumos con el dedo.

6 Con todas las conchas firmemente encoladas y selladas, se comienza a preparar la textura vertiendo látex en una cubeta con mármol molido o arena de río lavada. Los granos no deben ser demasiado finos para evitar que se forme una pasta. Deben mezclarse bien la arena y el látex hasta que no queden granos sueltos.

La cantidad de cola debe ser suficiente para que se adhiera la cara entera de la concha, pero no debe sobrepasar los límites marcados a lápiz. Si esto ocurre, puede eliminarse el exceso de cola con el dedo.

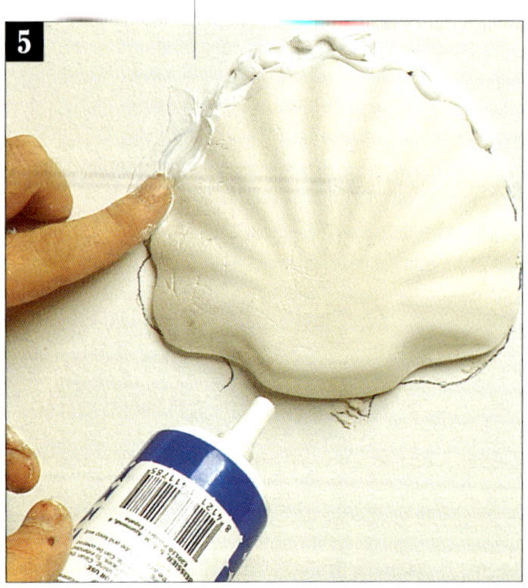

7 Al extender la textura, las acumulaciones de arena pueden evitarse frotando con la brocha en todas direcciones. Es normal que al hacerlo se puedan desprender algunos granos que no se hayan aglutinado, pero si el látex se escurre hacia abajo, será señal de que no se ha mezclado bien o no hay suficiente arena.

Una pintura espesa estroprearía el efecto de textura. Al pintar con el color bastante diluido, se consiguen zonas de diversa intensidad, de acabado irregular a juego con la textura granulosa de la pared.

8 El primer color es una mezcla de pintura plástica mate bastante disuelta en agua, unas gotas de tinte azul y una gota de tinte negro. La consistencia del color debe ser de una cremosidad ligera.

El segundo color es un gris, producto de la mezcla de pintura plástica diluida y unas gotas de negro. Como en el caso del color anterior, interesa conseguir una pintura ligeramente transparente.

9 Puede extenderse el gris cuando el azul esté todavía un poco húmedo para obtener interesantes efectos de mezcla y transparencia. Si en alguna zona el gris cubre demasiado, puede rebajarse repasándolo con la brocha mojada en agua.

10 El toque final consiste en revelar el blanco de la escayola con unas pasadas suaves de papel de lija de grano fino sobre el relieve de las conchas, consiguiendo así un efecto de envejecido acorde con el acabado general.

Bandas transparentes
Pigmentos y látex

La decoración mediante bandas de color es una forma clásica de realzar el espacio de una habitación. Este es un proyecto atrevidamente colorista, en el que cuenta tanto la acertada elección de los colores como la calidad transparente del acabado. Ésta apariencia acuarelada e irregular suaviza y da luminosidad a un contraste que, de realizarse mediante colores sólidos y opacos, podría resultar demasiado crudo.

Este proyecto reconstruye el proceso seguido en la decoración de esta espectacular habitación. La tendencia fría de los colores reclama una iluminación generosa pero no demasiado directa (una habitación con un ventanal o un balcón orientado al sur, por ejemplo), y rinde su mejor efecto en estancias sin muebles demasiado voluminosos y escuros.

MATERIAL NECESARIO

- Cinta métrica
- Cordel para trazar líneas
- Clavos o chinchetas
- Barrita de pastel de color gris claro
- Pigmentos azul ultramar y verde
- Colores acrílicos negro y amarillo limón
- Látex
- Brochas
- Papel blanco

1 La anchura ideal de las bandas debe oscilar entre 30 y 40 cm, dependiendo siempre de las dimensiones de la habitación (más anchas cuanto mayores sean éstas). Hay que marcar las separaciones en la parte superior e inferior de la pared, utilizando una cinta métrica. Si no se cuenta con la ayuda de otra persona, podemos sujetar la cinta al muro mediante tiras de cinta adhesiva.

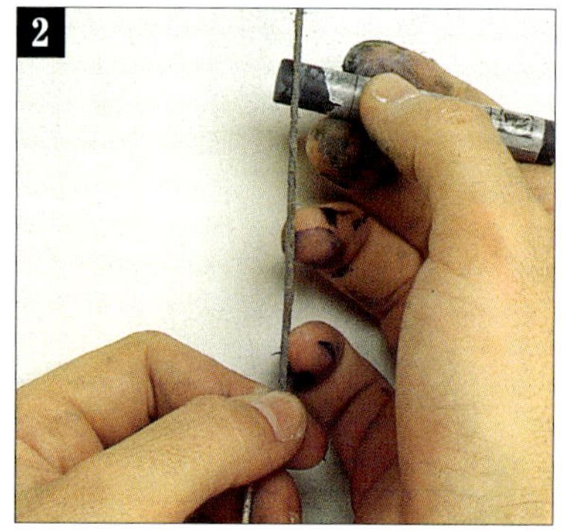

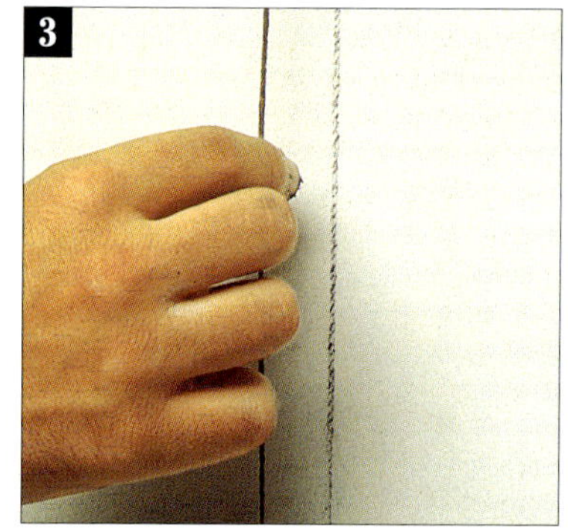

La cantidad de color que debe utilizarse depende de la dimensión de las paredes, pero por término medio será de 1 l de mezcla por cada 8 m². Si se desean tonos muy transparentes, pueden diluirse más los colores, consiguiéndose así además un rendimiento mucho mayor.

2 Para trazar las líneas verticales de separación, se ata un cordel a un clavo o chincheta colocado en la marca superior y a otro clavado sobre la marca inferior. A continuación se impregna el cordel con una barrita de pastel gris por el lado encarado a la pared.

3 Se tensa el cordel por su parte central, como si fuera la cuerda de un arco, y luego se suelta. Al topar contra la pared, el cordel dejará una marca vertical. Los colores al pastel se diluyen en agua, por lo que estas marcas desaparecerán durante el pintado sin apenas manchar el color.

4 El color verde se prepara vertiendo pigmento sobre un recipiente con látex y removiendo con la brocha hasta conseguir una pasta de color homogéneo. Si la pasta se hace demasiado densa, debe añadirse agua hasta obtener una consistencia de crema espesa.

5 Se añade una pequeña cantidad de acrílico amarillo limón a la mezcla para conseguir un tono más vivo. Para comprobar la coloración, se diluye en agua una pequeña cantidad de la mezcla y se extiende sobre un papel.

6 El azul se prepara siguiendo el mismo proceso. Seguramente no necesitaremos tanta cantidad de pigmento azul, porque el ultramar tiene mayor poder de tinción que la mayoría de los verdes.

7 Añadiendo un poco de negro al azul, se agrisa el tono ligeramente áspero del ultramar. Para comprobar el color resultante, se diluye en agua y luego se extiende sobre un papel blanco.

8

8 Para conseguir el acabado transparente e irregular, se aplican unos brochazos de color espeso e inmediatamente se carga la brocha con agua y se extiende el color en vertical a base de pasadas ascendentes y descendentes. Para respetar los escurridos y los cambios de intensidad, debe evitarse dar demasiadas pasadas de brocha por una misma zona.

9 Los brochazos espesos de la anterior imagen se aplicaron en la parte central de la banda de color. Ahora deben extenderse con la brocha cargada de agua. El efecto resultante es una interrupción de la continuidad del color, que recuerda la textura típica de la acuarela.

9

10

Para dominar esta técnica es esencial trabajar relajadamente y con confianza, sabiendo que siempre hay cierto margen para la corrección, puesto que la abundancia de agua retarda el secado del color.

10 Los límites entre banda y banda tienen su importancia. No interesa que los bordes sean perfectos, sino que tengan la sinuosidad propia de las pinceladas a la acuarela. Para lograr un límite más oscuro, se aplica primero un brochazo de color espeso de no más de 1 m de largo.

11 Se disuelve el brochazo con agua, manejando la brocha de lado para que sea más fácil ceñirse al límite de la banda anterior, e inmediatamente se rellena el resto de la zona azul. Trabajando así, se consigue un límite más oscuro que el resto de la banda azul, realzando y dando amenidad al color.

11

El grosor y la rugosidad de este estucado puede graduarse a placer durante el encolado de los papeles. Otra ventaja de este acabado es que, al contrario del estucado mecánico, podrá eliminarse con facilidad si se desea redecorar la habitación.

Acabado rugoso

Falso estuco

El acabado granuloso del estucado común es una solución estandarizada y mecánica adecuada a espacios neutros. Este proyecto propone una manera sencilla y original de conseguir texturas rugosas a base de papeles de periódico encolados y pintados. Es un método mucho más limpio y económico que el del estucado convencional y, además permite ajustar la rugosidad del acabado a nuestro gusto.

MATERIAL NECESARIO

- Papeles de periódico
- Cola de empapelar
- Brocha de empapelar
- Trapo de algodón
- Pintura plástica blanca mate
- Colores acrílicos verde permanente y pardo Van Dyck
- Brocha ancha

1 Se necesitan de 5 a 7 hojas papel de periódico por metro cuadrado, según la mayor o menor rugosidad deseada. Antes de comenzar el encolado, debe arrugarse cada una de las hojas para que la fibra del papel se ablande y sea fácil de manipular.

2 La cola de empapelar cunde mucho; disolviendo un puñado de cola en polvo en 1 l de agua, tendremos suficiente para trabajar unos 10 m^2. La consistencia de la cola debe ser lo bastante líquida para poder extenderla con facilidad sobre las hojas.

3 Debe cubrirse la pared completamente, solapando las hojas y colocándolas con distintas inclinaciones para disimular sus límites. Si alguna zona no queda adherida, puede repasarse con la brocha para empaparla de cola, presionando luego sobre el papel.

El papel se encoge al arrugarlo; por lo tanto, cuanta más textura y surcos deseemos para nuestra pared, mayor cantidad de papeles deberemos utilizar.

4 A cada 2 m^2 de superficie cubierta debe arrugarse los papeles ya encolados con los dedos para crear surcos en distintas direcciones. Es normal que al hacer esto algunos papeles se rasguen o se vea la pared; cuando algo así ocurra, esas zonas se cubrirán con pedazos de papel encolado.

5 Una vez cubierta la pared de papeles debidamente texturados, se allanan las crestas de los surcos más prominentes con un trapo de algodón limpio y seco mientras la cola esté todavía fresca. Al hacer esto, respetamos las rugosidades pero eliminamos las bolsas de aire y los surcos excesivamente predominantes.

6 Cuando la cola esté completamente seca, puede darse una primera capa de pintura plástica blanca mate para acabar de endurecer los surcos y también para que las hojas impresas no se trasluzcan bajo el color final. Es importante insistir con la brocha en todas las pequeñas cavidades hasta conseguir una superficie de tono uniforme.

La mezcla de los colores acrílicos con el blanco mate debe ser cuidadosa y progresiva, añadiendo una pequeña cantidad de color cada vez y comprobando el tono resultante. Es preferible que el color quede excesivamente pálido antes que demasiado oscuro.

7 El color elegido para este proyecto es un verde pálido compuesto por verde permanente y pardo Van Dyck mezclados con pintura plástica mate. En ningún caso debe utilizarse pintura satinada, porque su brillo daría un aspecto agresivo a las texturas.

8 El pintado final de la pared debe hacerse cuando la capa de pintura blanca esté completamente seca. Al igual que en la aplicación de la capa de base, debe repasarse toda posible hendidura para que el color cubra por completo todos los surcos.

Para trabajos tan texturados, es siempre aconsejable utilizar colores pálidos que no recarguen el efecto visual de la pared y que resulten agradables tanto bajo una iluminación natural como artificial.

Falso envejecido
Estuco "roto"

Los nuevos productos que constantemente salen al mercado hacen que muchos procedimientos complicados tradicionales sean hoy fáciles de lograr. Éste puede ser el caso de la pasta de estuco preparada con la que se ha realizado este proyecto. El efecto resultante destaca por su suntuoso "envejecido" y es válido tanto para una estancia privada como para un espacio más formal o incluso público.

MATERIAL NECESARIO

- Pasta de estuco
- Llanas de estucador de tamaño grande y pequeño
- Látex
- Pintura acrílica color cobre y siena tostada
- Esponja sintética
- Pintura plástica blanca mate
- Tinte color ocre
- Brocha mediana

Los colores metálicos aplicados en transparencia realzan la gruesa textura del estucado y crean un juego de intensidades y matices que enriquece el acabado de entonación cálida.

1 Una vez decidida la distribución de las partes texturadas, se marcan los límites en la pared. Al dibujar estos límites, deben evitarse los ángulos rectos y los bordes dentados o muy intrincados; el objetivo es crear una sensación de pared desconchada al azar.

2 Esta secuencia fotográfica muestra la manera de trabajar con las dos llanas. Se toma el estuco del recipiente con la llana pequeña y se acumula en la grande; ésta hace las veces de soporte o paleta de la que van tomándose porciones de estuco con la llana pequeña. Estas porciones deben ser generosas para poder extender áreas grandes de estuco en cada una de las aplicaciones.

El grosor de la capa de estuco no debe ser en ningún caso superior a los 3 o 4 mm, o de lo contrario lo que pretende ser un desconchado fingido puede convertirse en un desconchado real, pues podría desprenderse una vez que la pasta se haya secado.

3 Trabajando con la llana pequeña del modo que muestra la fotografía es fácil seguir los límites marcados previamente y rellenar las zonas texturadas. Es importante aplicar la pasta moviendo la llana en distintas direcciones para que las rebabas de estuco no sigan un orden demasiado evidente.

4 Debe dejarse secar el estuco de uno a dos días, según la temperatura del ambiente. Una vez que esté bien seco, se mezcla acrílico color cobre con látex rebajado con agua hasta conseguir una crema fluida y homogénea.

5

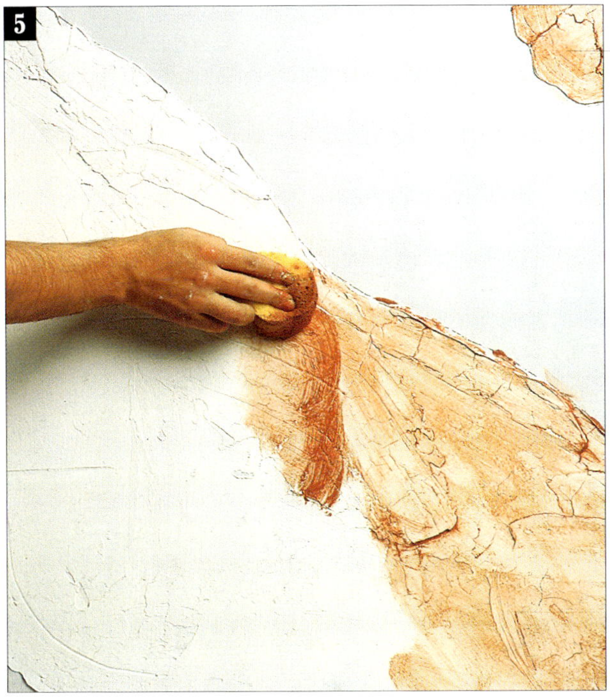

Cada aplicación de pintura debe extenderse hasta lograr una completa transparencia del color. hay que respetar los límites del estucado e insistir en las grietas y los surcos para que la capa de color cubra todo el estuco.

5 Si la emulsión de color cobre es suficientemente fluida, el esponjado será muy fácil de llevar a cabo. No interesa obtener un color demasiado intenso, sino una fina película transparente que revele todas las irregularidades de la textura.

6 Se pintarán las zonas de pared lisa con una mezcla de blanco mate, tinte ocre y color acrílico siena tostada. El color cobre sobre la base texturada es lo bastante rico para no necesitar de un contraste muy intenso. Por lo tanto, el tono de la pared deberá ser más bien pálido.

6

El color de la pared debe ser mate para que contraste con el brillo metálico del color cobre. Si se desea un contraste más sobrio, puede utilizarse un gris claro en lugar de ocre.

7

7 La consistencia del color de la pared debe ser lo bastante espesa para requerir sólo una capa. Se aplica con una brocha mediana respetando escrupulosamente los límites de las zonas estucadas. Si en algún momento se mancha el estucado, deberá limpiarse inmediatamente mediante una pasada suave con un paño húmedo.

La combinación de calcos y brochazos produce un acabado informal. Debe su efecto decorativo a la ligereza del color y el desdibujado de los rostros que evita una presencia demasiado agresiva de los motivos.

Estampado *"pop"*
Calcos de fotocopias

Este proyecto está inspirado en una famosa obra del pintor *pop* Andy Warhol en la que aparece el rostro de Marilyn Monroe repetido serigráficamente. Aplicando esa idea a nuestros propósitos, podemos resolver brillantemente la decoración de un estudio o de una habitación desenfadada. El procedimiento es rápido y de muy sencilla resolución.

MATERIAL NECESARIO

- Fotocopias ampliadas
- *Cutter*
- Cinta adhesiva
- Disolvente de tricloretileno
- Trapo de algodón
- Mascarilla protectora y guantes de goma
- Pintura plástica blanca mate
- Tinte ocre

1 Las imágenes deben ampliarse a un tamaño acorde con las dimensiones de la pared (mayores cuanto mayor sea ésta); la proporción más aconsejable para una pared normal debería estar alrededor de los 30×40 cm. Todas las partes de la fotocopia que no correspondan al rostro deben ser recortadas con un *cutter*.

El papel puede ser del tipo normal usado para fotocopias y la calidad de la imagen debe ser buena, de negros densos (cuanto más densos mejor) y blancos totalmente limpios.

2 Para decidir la distribución de las imágenes sobre la pared, lo más sencillo es sujetarlas a ella con cinta adhesiva para comprobar el efecto general. Las separaciones pueden establecerse a ojo, puesto que lo que cuenta no es la exactitud métrica sino el equilibrio visual del conjunto.

Se conseguirá un mejor resultado trabajando sobre una pared pintada con una capa de blanco satinado: la definición de la imagen será más clara y el negro tendrá más cuerpo.

3 Cuando hayamos conseguido una buena distribución de las imágenes, las invertiremos y sujetaremos de nuevo en el lugar definitivo. La imagen transparentada será la que luego aparecerá en la pared tras haberla transferido con disolvente.

4 El disolvente de tricloretileno es extremadamente tóxico. Es esencial trabajar con mascarilla y guantes de goma resistente. Debe empaparse el trapo en disolvente y frotarse con fuerza sobre el papel para extender el líquido sin encharcar la hoja.

5 Tras aplicar el disolvente y esperar unos segundos, podrá comprobarse el resultado levantando la hoja por una de sus esquinas. Si la imagen queda desvaída, deberá aplicarse un poco más de disolvente ejerciendo mayor presión sobre la hoja.

6 Una vez transferidas todas las imágenes, puede darse la capa de color de acabado. Se trata de una mezcla de blanco mate y tinte ocre de consistencia lo bastante ligera para que deje transparentar los rostros.

4

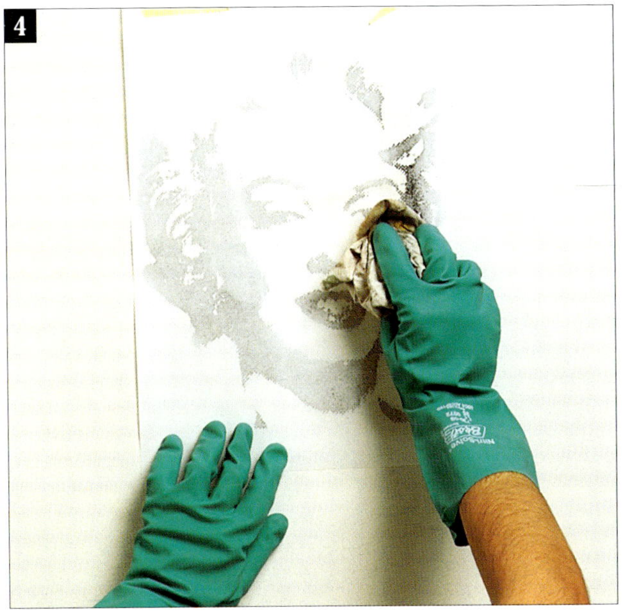

Cuando los negros de la imagen se hagan más intensos en el dorso de la hoja, sabremos que el disolvente ha llegado a ellos y los está transfiriendo a la pared.

5

6

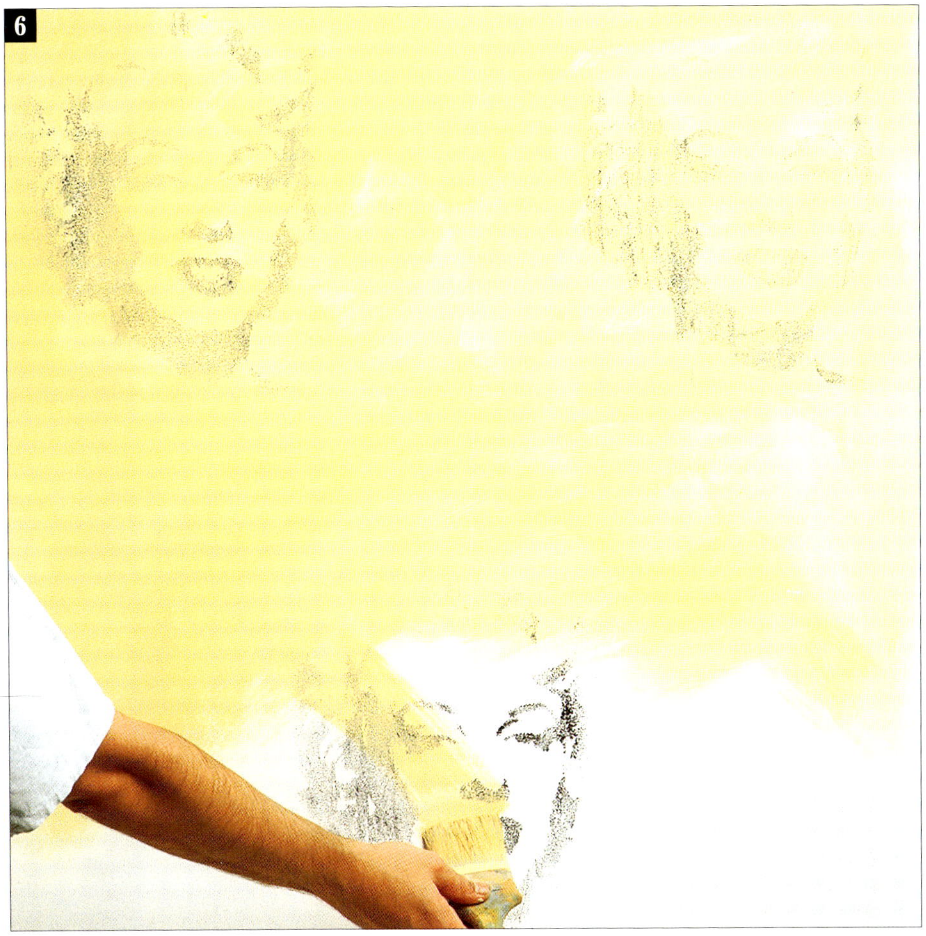

El acabado informal de este proyecto se consigue a base de brochazos cruzados en distintas direcciones, de manera que se fundan ligeramente unos en otros, pero no tanto como para que desaparezca todo rastro del paso de la brocha.

Todo el secreto de esta técnica reside en la correcta elección de los colores y en la mayor o menor insistencia en el esponjado. Sólo hay que tener en cuenta que cuanto más se cubra la pared, más uniforme y menos espontáneo resultará el efecto.

Entorno infantil

Esponjado

La técnica del esponjado puede solucionar la decoración de cualquier habitación de la casa. Por su acabado irregular y un tanto crudo, hemos elegido una habitación infantil para llevarla a cabo. La secuencia de colores es sencilla y luminosa; los tonos son francos y sin excesivas mezclas. La realización es tan sencilla que apenas requiere otra experiencia que la de haber realizado algunas pruebas sobre un papel antes de ponerse a trabajar.

MATERIAL NECESARIO

- Esponja natural
- Pintura plástica blanca mate
- Tintes color amarillo, ocre y verde
- Papeles o cartones para realizar pruebas con la esponja

1 En primer lugar, se preparan los colores en tres recipientes planos que faciliten el empapado de la esponja. No es necesaria una gran cantidad de color, porque las aplicaciones del mismo son muy ligeras; para una habitación de dimensiones normales bastarán unos 25 cc de cada tono mezclado en consistencia cremosa.

2 Antes de comenzar, debe comprobarse que la huella dejada por la esponja no sea demasiado tupida. Si lo es, puede rasgarse la fibra pinzándola con los dedos para abrir más poros. La huella debe crear un jaspeado ligero para que las sucesivas aplicaciones no acaben por cubrir completamente la pared.

Utilizando colores más rebajados en agua, de consistencia más ligera, la huella no resultaría tan compacta pero el color chorrearía por la pared. Por lo tanto, la pintura debe ser bastante cremosa y la esponja no debe ir muy cargada de color.

3 Al tomar color con la esponja debe mojarse sólo la superficie, nunca empaparla como si se tratara de agua. Aun y así, la cantidad de color será excesiva y habrá que rebajarla esponjando sucesivamente sobre un papel hasta que la huella no quede demasiado tupida.

4 Se aplica el amarillo trabajando un área no mucho mayor de 1 m^2 cada vez, intentando lograr un jaspeado uniformemente distribuido. Hay que ir cambiando la posición de la esponja a lo largo del trabajo para no repetir la forma de la mancha. La separación entre mancha y mancha debe ser de unos 10 o 15 cm.

5 El ocre debe intercalarse en los huecos dejados entre las primeras manchas, siempre intentando que su distribución resulte uniforme en toda la superficie del muro. Al igual que el primero, este segundo tono debe ser aplicado cambiando la posición de la esponja en cada uno de los toques.

6 Si hemos dejado suficientes espacios libres entre los dos colores anteriores, tiene que ser fácil distribuir el esponjado del verde. Tras el amarillo y el ocre, el verde es el color de unión o armonización general. El resultado, después de la aplicación de este color, debe ser un conjunto unitario en el que se noten los matices de cada color sin que ninguno de ellos resalte en exceso a costa de otro. Lo tupido del jaspeado determinará el efecto final de color, más intenso cuanto más tupido sea el esponjado.

El blanco del esponjado de corrección debe tener una consistencia espesa y cubriente. Si está más disuelto de lo debido, dejará transparentar los colores que se pretendía cubrir. Asimismo, no debe insistirse sobre una zona acabada de esponjar para no arrastrar el color anterior con la esponja .

7 Es muy probable que en alguna zona el esponjado haya quedado demasiado tupido y concentrado. Ahí es donde podemos realizar un último esponjado de color blanco para restituir el efecto general: ese blanco parecerá el color de la pared y restableceremos la unidad del conjunto.

Naturalmente, el color blanco elegido para el esponjado y corrección debe ser el mismo que el utilizado en la capa base para evitar que la más leve modificación del tono estropee el resultado final.

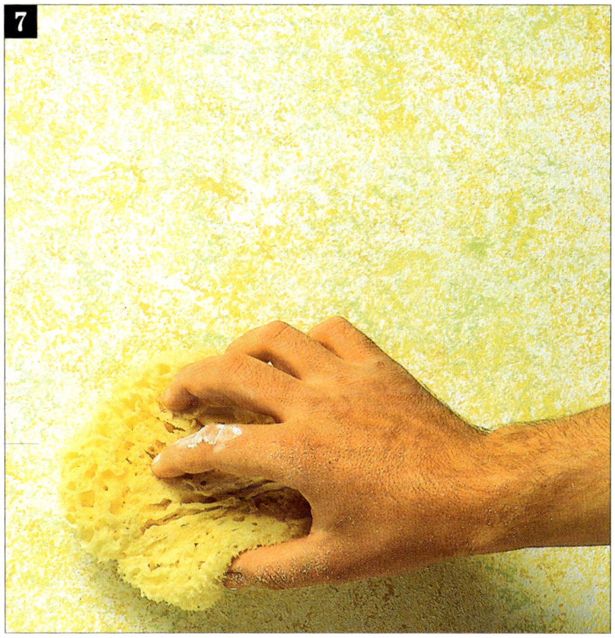

8 También en el esponjado blanco debe graduarse la carga de la esponja en su justa medida para no cubrir demasiado el color original. Sobre un papel va esponjándose hasta que la huella resultante se ajuste a nuestras necesidades.

Ésta es una operación delicada, porque es muy fácil empeorar lo que se iba a remediar por exceso de color. Si no se está seguro de que el remedio va a mejorar sustancialmente el resultado, es mejor no insistir en el trabajo una vez acabado.

9 Si al acabar y contemplar el trabajo desde cierta distancia, notamos "huecos" o falta de color en alguna zona, todavía podemos remediarlo esponjando ligeras aplicaciones del color que echemos en falta. No hay que excederse, porque esta búsqueda de retoques puede convertirse en un proceso sin fin que nos obligue a repintar todos los colores.

M. L. P.

Imitación de piedra

Drapeado

El tamaño y la coloración de cada "piedra" determinan el efecto decorativo final. Tamaños grandes y claros ensanchan visualmente las dimensiones de un espacio, sobre todo si existe una buena iluminación natural.

La mayoría de las imitaciones (madera, mármol, granito, etc.) requieren una considerable destreza artesanal. Pero para realizar esta imitación de piedra basta con elegir bien los colores y guardar un orden metódico en el proceso de toma de medidas y de reservas con cinta adhesiva. Con un poco de paciencia puede convertirse cualquier habitación en una estancia "señorial".

MATERIAL NECESARIO

- Regla o cinta métrica
- Cinta adhesiva
- Pintura blanca mate
- Tintes color ocre, siena, marrón y negro
- Brochas de tamaño medio
- Trapos de algodón
- Cretas o pasteles de color blanco y negro

Una manera fácil de limitar la forma de cada bloque es trazar líneas horizontales, comenzando desde la base de la pared, separadas por una misma distancia –la altura de los bloques–, para luego medir su anchura sobre esas mismas líneas.

1 Después de trazar líneas horizontales separadas por unos 30 cm, se marca la anchura de cada bloque (unos 40 cm) teniendo en cuenta que su disposición debe ser alterna a la manera en la que corrientemente se disponen los ladrillos de un muro.

2 Se trabaja en líneas alternas de "piedras", colocando las cintas adhesivas en los límites exteriores de las líneas horizontales y alternando también las reservas de cada "piedra" para que el grosor de la cinta no deje una tira en blanco sobre la pared pintada.

3 Se comienza aplicando la primera capa de pintura, la más clara, sobre cada una de las "piedras" previamente reservada con cinta adhesiva. La pintura debe tener una consistencia líquida pero no aguada, de manera que sea fácil de extender sin que chorree.

4 Inmediatamente después de pintar la primera capa, se aplica el trapo dando ligeros golpes en el muro para absorber la pintura y dejar una huella texturada. Nunca debe frotarse, pues barreríamos el color.

La primera y segunda capas de color están compuestas de una mezcla de tintes ocre, siena y marrón. Este color lo utilizaremos en la segunda capa; la primera será ese tono aclarado con blanco.

Es aconsejable disponer de muchos trapos para poder sustituirlos cuando se empapen; si no, se ensuciaría el color.

El tercer color es un gris compuesto exclusivamente de pintura plástica blanca y tinte negro. Este gris debe ser más bien claro para no anular el efecto conseguido hasta ahora.

5 Cuando la primera capa se haya secado, se aplica la segunda exactamente igual: pasando la brocha con el color bastante líquido. No debe insistirse en los brochazos para no alterar la primera capa.

6 El segundo drapeado es igual que el anterior, con la diferencia de que ahora puede insistirse más o menos en la absorción del color para conseguir zonas más o menos claras, teniendo presente que la piedra real no presenta un tono perfectamente homogéneo.

7 La capa final se extiende sobre el color seco. Si durante la operación el gris resulta demasiado oscuro, siempre puede rebajarse con un poco de agua o añadiendo una pequeña cantidad de blanco.

8 El drapeado final del gris crea el acabado definitivo. También ahora puede variarse sensiblemente la entonación de esta última capa insistiendo más o menos con el paño de algodón.

9 Cuando el color esté completamente seco, se desprenden todas las cintas de reserva. Para conseguir un efecto más convincente, se repasan las aristas exteriores a la derecha y en la parte superior de cada "piedra" con un trazo de creta o pastel blanco.

10 Las aristas en sombra, en la parte derecha e inferior de cada "piedra", se repasan con un trazo de creta negra. Estos trazos pueden difuminarse con el dedo para suavizar el efecto final.

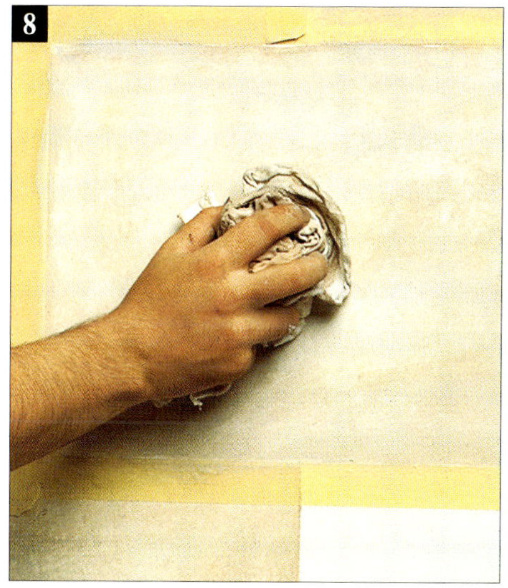

El tamaño del estarcido es decisivo a la hora de realizar este proyecto. Unas plantillas demasiado pequeñas serían, en este caso, extremadamente trabajosas y crearían cierta confusión visual. El tamaño más aconsejable debería rondar los 25×25 cm en sus máximas dimensiones.

Zócalo de estrellas
Estarcido

El diseño de este estarcido se inspira en los azulejos arábigos, en los que tan importante es la forma propia del patrón ornamental como la del espacio que crea a su alrededor. Para rendir un buen efecto decorativo, este diseño necesita de un espacio más bien grande y de una armonía de color muy sencilla, casi elemental.

MATERIAL NECESARIO

- Plantilla
- Cartulina gruesa
- *Cutter*
- Regla metálica
- Cinta adhesiva
- Esponja sintética
- Pintura plástica blanca mate
- Tinte ocre
- Pigmento color óxido de hierro
- Látex
- Brocha mediana
- Hilo o cordel fino

En la página 79 se reproduce el diseño a partir del cual construir nuestra propia plantilla de estarcir. Tras ampliar ese diseño mediante fotocopias hasta el tamaño buscado, sólo hará falta colocarlo sobre un cartón o cartulina gruesa y recortarlo.

1 Después de ampliar la plantilla a un tamaño de unos 25 cm de diámetro, se calca con papel carbón sobre un cartón grueso, procurando no distorsionar las dimensiones y precisando con claridad todos los ángulos.

2 También debe tenerse cuidado al cortar la plantilla con el *cutter*. Si la cartulina es gruesa, será mejor repasar el corte varias veces antes que intentar hacer una incisión profunda y definitiva a la primera. Los cortes deben ser limpios y sin rebabas.

3 Éste es el aspecto que debe ofrecer la plantilla después de los cortes. Es inevitable que la estrella central quede suelta; lo importante es que las puntas tanto de la estrella como de los vértices interiores de la plantilla estén cortadas limpiamente.

4 Para sujetar de nuevo la estrella central al resto de la plantilla pueden utilizarse dos pedazos de hilo o de cordel fino y trozos de cinta adhesiva. Se cruzan los hilos en aspa y se pegan a la cartulina de manera que todas las puntas coincidan con la mayor precisión posible.

La cartulina debe ser gruesa y bastante rígida para que resista las sucesivas aplicaciones de color, sin deformarse por la humedad. Tras cada esponjado se deberán limpiar los bordes para que el color no se seque en ellas y el estarcido pierda definición.

5 La preparación de la pared consiste en dos tonos sienas obtenidos por mezcla de pintura plástica blanca mate y tintes ocre y marrón, el más oscuro en el zócalo y el más claro en la parte superior, divididos a una altura de aproximadamente 1,20 m del suelo. En la divisoria de estos dos tonos se reserva con cinta adhesiva una franja de unos tres dedos de ancho.

6 Se esponja a lo largo de la franja en reserva aplicando la esponja en distintas posiciones para evitar repeticiones en la forma de la huella.

7 Cuando el color de la franja esté completamente seco, se cubrirá con tiras de cinta ajustadas lo más posible al límite inferior de la banda de color.

8 Para evitar que la plantilla se desplace mientras esponjamos el color, debe sujetarse con un par de tiras de cinta adhesiva. Es importante controlar la colocación de la plantilla, de manera que los vértices de los distintos estarcidos coincidan con la mayor precisión posible.

Para preparar el color del estarcido, se mezcla un puñado de pigmento rojo óxido de hierro con látex sin diluir. Se mezcla bien con la brocha hasta conseguir una crema densa y homogénea. Para controlar la densidad del color, debe descargarse la esponja en un papel aparte tras haberla empapado en la pasta cromática. Cuando la huella no sea ni muy opaca ni demasiado ligera, es el momento de aplicar el color.

5

El estarcido que limita con la franja superior corresponde exactamente a la mitad inferior de la plantilla. Es una pauta muy útil para ajustar los estarcidos inferiores.

6

7

8

La brillantez de este efecto cromático rinde sus mejores resultados expuesta a la luz natural, bajo la que no sólo el color aparece en su plenitud, sino que el efecto texturado adquiere todo su relieve.

Friso grabado

Grabados con espátula dentada

Los colores vivos o "atrevidos" son una tentación de la que es difícil librarse si no es cayendo en ella alguna vez. Si se dispone de un espacio intensamente iluminado por la luz natural (una galería o terraza resguardada, por ejemplo), este verde manzana sobre un muro texturado y grabado nos brindará una luminosidad intensa y desenfadada, ideal para las plantas y las flores.

MATERIAL NECESARIO

- Pasta de estuco
- Rodillo de estucar
- Cordel
- Espátula
- Látex
- Colores acrílicos verde permanente y amarillo limón
- Brocha mediana

Es aconsejable trabajar por zonas, estucando 1 m^2 aproximadamente y pasando a continuación la brocha. La zona o banda destinada a contener el friso debe dejarse para el final, evitando así que se endurezca antes de aplicar la espátula dentada.

1 La pared sobre la que vamos a trabajar debe estar pintada en un tono que contraste con el color final, para que ese tono aparezca al abrir los surcos del friso. En nuestro proyecto hemos elegido un tierra rosado. Utilizando un rodillo de estucar extendemos una capa gruesa y espesa de pasta de estuco.

2 El acabado típico y convencional del rodillo no nos interesa: allanamos las granulosidades pasando sobre ellas la brocha en distintas direcciones para que las cerdas dejen surcos sobre el estuco. Las pasadas deben ser suaves y rápidas.

Debe tenderse el cordel con rapidez, antes de que el estuco comience a endurecerse. Para ello lo mejor será contar con un ayu dante que tense el cordel por uno de los extremos. Esta operación tiene que ser rápida para no demorar el grabado del friso

3 Cuando esté lista la banda que ocupará el friso, se tiende un cordel a ras de pared, en horizontal, de lado a lado del muro y se presiona levemente sobre el estuco fresco para que deje una huella que servirá de guía al grabar el friso. Esta huella apenas será visible en el resultado final.

4 Utilizando una espátula dentada de diez púas, se graban los círculos del friso girando la espátula como si fuera un compás alrededor de un punto colocado sobre la línea marcada con el cordel. Los surcos tienen que dejar visible el color del fondo. Dejaremos secar el estuco durante 6 o 7 horas.

Para conseguir el verde manzana, se mezclan en un recipiente pequeñas cantidades de colores acrílicos verde permanente y amarillo limón y se añade látex rebajado con un poco de agua.

Tras mezclar bien el color con el látex, se comprueba el tono en un papel aparte y se ajusta añadiendo un poco más de uno u otro color hasta dar con la entonación apetecida. El color debe ser bastante cremoso.

5 Para conseguir un pintado suelto y transparente, se aplican primero pinceladas de color cremoso para, a continuación, disolverlas y extenderlas con la brocha cargada de agua, como si se pintase a la acuarela.

6 Siguiendo la técnica de disolución del color, va cubriéndose la pared con pinceladas en distintas direcciones, cargando más el color cuando quede demasiado transparente y añadiendo agua cuando resulte demasiado opaco.

7 Al llegar a la zona del friso, debe trabajarse con cuidado para no tapar el color que aparece en los surcos. Esto se consigue dando ligeros brochazos sobre el friso en sentido vertical y horizontal, sin insistir y con el color bastante diluido en agua. Puede aplicarse una segunda capa, también diluida, cuando la primera esté completamente seca.

La conjugación de estarcidos texturados y planos con el color semitransparente crea superficies muy ricas, especialmente adecuadas a entornos íntimos. A pesar de la intensidad del tono carmín, el resultado crea un ambiente acogedor y relajante.

Motivos en relieve

Pasta de modelar

Un color intenso bien elegido puede crear una atmósfera cálida y relajante. En este proyecto hemos utilizado un carmín pintado en transparencia sobre estarcidos planos y en relieve. Los relieves y los rebajados con disolvente le dan profundidad y crean hermosos efectos tanto a la luz de lámparas o velas como bajo la brillante luz del día.

MATERIAL NECESARIO

- Cartulina gruesa
- Lápiz
- *Cutter*
- Pasta de modelar acrílica
- Brocha redonda gruesa
- Esponja sintética
- Látex
- Color acrílico carmín
- Brocha ancha
- Disolvente
- Paño

1 El patrón o motivo no debe ser demasiado grande; cuanto mayor sea, más basto resultara el efecto de textura. Una dimensión adecuada puede ser 12×12 cm. Una vez dibujado sobre una cartulina gruesa, se recorta con un *cutter*. Esta plantilla servirá tanto para la aplicación de la textura como para el esponjado del color.

En el mercado existen pastas de modelar de distintas densidades. Algunas contienen cargas tales como piedra pómez o arena de mármol. Aquí utilizamos una pasta ligera para que no resalte demasiado bajo la transparencia del color.

2 Se toma la pasta de modelar directamente del recipiente utilizando una brocha redonda. Si la pasta resulta demasiado espesa, puede rebajarse mezclándola bien con un poco de agua. En ningún caso debe rebajarse hasta una consistencia líquida.

3 Se estarce manteniendo la plantilla completamente plana contra la pared, intentando que no se formen rebabas en los límites del motivo. La brocha debe ir bien cargada de pasta para que no sea necesario insistir.

Esta plantilla permite ser colocada en cualquier posición, no tiene un "arriba" ni un "abajo". Lo interesante es alternar posiciones distintas para evitar efectos de excesiva regularidad.

Antes de estarcir el color, debe probarse la consistencia de la pintura en un papel aparte. El color debe ser bastante espeso, tal como sale del tubo. Si se rebaja demasiado con agua, casi seguro que chorreará, con lo que se estropearía el efecto.

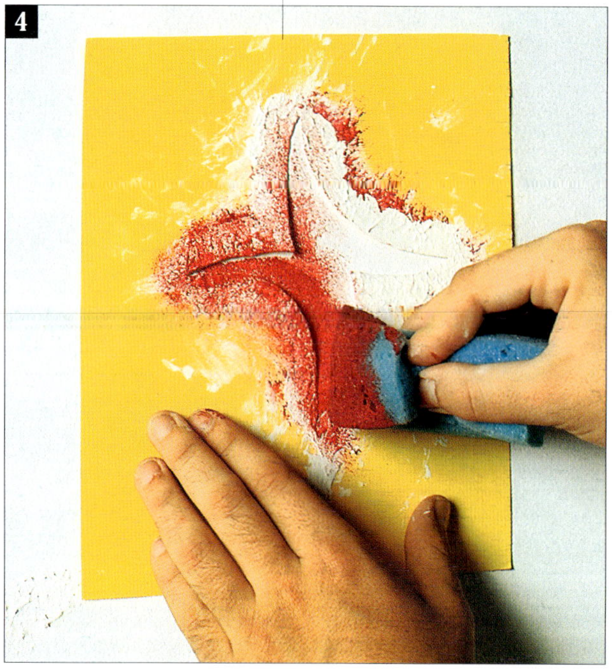

4 Después de haber estarcido todos los motivos en relieve, pasamos a estarcir los motivos en color. Si se utiliza la misma plantilla, ésta debe estar completamente seca para no mezclar el color con restos húmedos de pasta de modelar. Cuanto más se insista con la esponja, más intenso será el color del estarcido.

5 Cuando se hayan estarcido todos los motivos, debe esperarse de dos a tres horas para que la pasta de modelar se seque por completo. A continuación se prepara el color mezclando carmín con látex y agua. Hay que remover a conciencia, hasta conseguir un tono perfectamente uniforme y sin grumos. La consistencia debe ser ligera, como de leche.

6 Se pinta a base de brochazos horizontales rápidos, estirando el color y repasándolo allí donde haya chorreos. Los rastros de la brocha forman parte del efecto final: no hay que eliminarlos. Si el color queda demasiado transparente, puede darse una segunda mano cuando la primera esté completamente seca, pero nunca antes.

7 Cuando se haya terminado de pintar, debe esperarse dos o tres horas hasta que el color se haya secado totalmente. Entonces pueden resaltarse los motivos que hemos estarcido con pasta frotando sobre ellos con un paño ligeramente empapado en disolvente. El blanco de la pasta se hará así más visible.

No es necesario rebajar el color de todos los estarcidos de pasta sino sólo el de aquellos que hayan quedado demasiado ocultos. Tampoco debe frotarse, tanto como para que la textura quede completamente limpia.

8 Como toque final, pueden crearse espirales difusas frotando con el paño sobre la pared. Estos frotados deben ser suaves, y el paño no debe estar muy cargado de disolvente. Se conseguirá así dulcificar el efecto crudo de la trama de brochazos horizontales.

Para un efecto más atractivo, es aconsejable centrar los frotados en espiral alrededor de uno de los motivos, ya sea texturado o sin texturar. Estos frotados no deben aparecer demasiado juntos, sino en una disposición que parezca creada al azar.

Hojas de otoño
Fotocopias coloreadas

Este proyecto admite todo tipo de adaptaciones al espacio que se ha de decorar, comenzando por el número y tamaño de las hojas (más menudas y en mayor cantidad) y acabando por el color: más dominio del rojo o del verde según se desee una atmósfera más o menos cálida.

Decorar a base de motivos figurativos más o menos realistas no exige necesariamente grandes habilidades en el dibujo y la pintura. En este proyecto proponemos un pequeño truco para conseguir una representación que no requiere de claroscuros ni perspectivas y que sugiere la suave armonía cromática de los días de otoño.

MATERIAL NECESARIO

- Fotocopias ampliadas
- *Cutter*
- Látex
- Colores acrílicos blanco, verde permanente y siena tostada
- Pincel de pelo sintético
- Pintura plástica blanca mate
- Papeles de periódico
- Paño
- Bandeja blanca o paleta de pintor

1 Es importante disponer de gran número de fotocopias de las hojas ampliadas a distintos tamaños, para poder elegir el tamaño y forma que más conviene en cada momento. En el caso de las hojas de forma muy irregular, podemos simplificar sus perfiles mientras las cortamos con el *cutter*.

2 Se comienza por pegar las hojas de mayor tamaño, distribuyéndolas armónicamente por todo el muro. A continuación se pegan hojas menores en las zonas vacías. Tras pegar cada hoja se presiona sobre ella con un paño limpio y seco.

3 Cubriendo cada hoja con un brochazo de látex se evita que se produzcan bolsas en el papel durante el proceso de pintado y se consigue que se adhieran más firmemente a la pared.

4 Estos son los tres colores que van a utilizarse para pintar las hojas cuando estén completamente secas. Puede distribuírselos sobre una bandeja blanca o una paleta de pintor. Variando las proporciones de color, pueden conseguirse múltiples matices de rojo y verde.

5 Para lograr un efecto realista, se pintan el tallo y los nervios mayores de cada hoja con un color (rojizo o verdoso) más oscuro, aclarándolo con agua o con blanco para dar el tono del resto de la superficie.

Es importante ir alternando tonos rojos y verdes en hojas de distintos tamaños; no sólo para dar variedad cromática al conjunto, sino para sugerir que algunas de las hojas "caen" más cerca y otras más lejos.

La operación de pintado y texturado con papel de periódico será más fácil si se cuenta con la ayuda de otra persona. Mientras una acaba de pintar, la otra aplica inmediatamente la hoja de papel de periódico.

6 El primer color es un rosado compuesto por pintura plástica blanca mate y una cantidad del mismo siena utilizado para pintar las hojas. El color debe tener una consistencia de crema ligera, fluida y de muy fácil aplicación.

7 Inmediatamente después de haber pintado una zona equivalente al tamaño de una hoja de papel de periódico, aplicamos ésta sobre la zona pintada, la aplanamos y damos golpecitos sobre ella con la palma de la mano para crear la textura.

8 Tras haber dado la primera capa texturada con papel de periódico puede verse que algo de su tipografía se ha transferido al muro: esto es normal y nos interesa como efecto añadido de textura. Cuando la primera aplicación esté seca, se sigue pintando con el color verdoso.

9 La operación de texturado del verde es exactamente la misma y también ahora pueden quedar marcas de tinta que, si no son excesivamente sucias, vendrán a enriquecer nuestra obra.

No hace falta cambiar continuamente de hoja de periódico: un solo pedazo puede dar mucho juego hasta que se empape completamente y se rompa. Si en alguna zona el color queda algo denso, puede darse una segunda pasada con la hoja de periódico.

Guirnalda
Estampación con tampón

Éste es un sencillo método para crear motivos decorativos y la manera más fácil de lograr efectos que no requieran una perfecta regularidad. Una guirnalda como la de este proyecto se puede hacer con sólo tres tampones distintos. El efecto será tanto más rico cuantos más matices diferentes de un mismo color se incluyan. Si además se añaden pequeños detalles de un color distinto, se habrá conseguido una agradable guirnalda vegetal.

Esta técnica permite cierto grado de improvisación. Puede enriquecerse el estampado sobre la marcha, aplicando más hojas si vemos que el efecto resulta pobre. Pueden incluirse también nuevos diseños de hojas siempre y cuando sean de un tamaño similar.

MATERIAL NECESARIO

- Pintura plástica blanca mate
- Tintes color amarillo, ocre y negro
- Dos brochas anchas
- Espuma de pórex
- Retal de falso yute o falsa piel repujada
- Cartulina
- Colores acrílicos ocre, amarillo, verde permanente y rojo
- Lápiz
- *Cutter*
- Pegamento para pórex
- Cordel

Para lograr un resultado uniforme conviene extender los brochazos de cada zona para que puedan unificarse con los de la zona siguiente. Hay que evitar demorarse demasiado. El trabajo debe ser rápido y continuado.

1 Se preparan dos colores a partir del blanco mate. El primero es una mezcla de amarillo y ocre y el segundo una mezcla de ocre con una muy pequeña cantidad de negro para conseguir el tono “hueso”. Se pinta sobre la pared preparada con blanco mate.

2 Tras cubrir aproximadamente 1 m^2 a base de brochazos cortos y separados de amarillo, y antes de que comience a secarse, se aplica el color hueso con otra brocha, superponiendo los brochazos y cubriendo completamente la zona de pared con las mezclas irregulares de color.

3 Se completa el pintado fundiendo entre sí los brochazos que todavía permanezcan visibles. El resultado a obtener es un color “nublado”, en el que no se distingan los dos tonos por separado sino con una alternancia de matices fundidos unos en otros.

4 Para definir la ondulación de la guirnalda, se dibuja sobre una cartulina un arco de circunferencia de unos 50 cm: una curva suave, regular y de poca elevación. A continuación, se recorta esa pieza de cartulina.

5 Tras tender un hilo o cordel a la altura deseada (a unos 110 cm del suelo), dibujamos con un trazo de lápiz muy ligero las curvas de la guirnalda colocando el recorte de cartulina por encima y por debajo del cordel alternativamente, como si dibujásemos colinas seguidas de valles. El resultado debe ser una onda suave y continua.

Se necesitan pequeños bloques cúbicos de espuma de pórex, que pueden recortarse de las piezas que habitualmente se incluyen en los embalajes. Estos cubos no deben ser demasiado planos, pues en tal caso resultarían difíciles de manejar.

6 Los tampones de las hojas pueden ser recortes de falso yute, falsa piel repujada o cualquier otro material de recubrimiento grueso, blando y texturado. Se pueden adquirir este tipo de retales, por poco dinero, en los establecimientos de tapicería o decoración. Se pega cada recorte sobre los cubos de pórex y se rebajan los lados de la pieza para facilitar el tamponeado.

7 Variando las proporciones de ocre, amarillo y verde permanente, pueden conseguirse muchos matices verdosos distintos dentro de una misma gama. Cuando se haya obtenido el matiz adecuado, se aplica el color sobre el tampón con la brocha o untando aquél directamente de la paleta.

8 Debe comenzarse estampando algunas hojas, con distintas inclinaciones y bastante separadas unas de otras, a lo largo de las curvas de la guirnalda. Estas hojas serán una guía para las siguientes aplicaciones.

9 A las hojas anteriores se añaden otras de distintas formas para crear pequeños racimos. Debe alternarse la posición de estos estampados de manera que aparezcan alternativamente por encima y por debajo de las ondas de la guirnalda.

10 Poco a poco, se va haciendo más densa la guirnalda, estampando hojas de distintas formas, tonos y texturas, graduando siempre la cantidad de color de cada aplicación en una hoja aparte.

11 Cuando la guirnalda resulte lo suficientemente poblada, pueden añadirse pequeños topos rojos, a la manera de frutos. El tampón para hacer estos topos podrá ser de espuma de pórex o bien de patata. En este segundo caso, habrá que cortar la patata en forma de cono truncado y untar su punta plana en la pintura.

Antes de estampar el tampón sobre la pared, hay que ensayar el efecto sobre un pedazo de papel para comprobar si la densidad del color es la adecuada; cuanto más denso sea, menos se verá la textura del tampón.

Motivos tipográficos
Estarcido

La cantidad de letras y la distancia entre ellas deben estar en función del tamaño de la pared. Este proyecto se adapta muy bien a lugares de paso, tales como corredores, en los cuales conviene que la distancia entre letras sea mayor que en recintos amplios.

Éste es un proyecto adecuado para un lugar de trabajo o para una estancia funcional en la que se desee crear una atmósfera personalizada, ligeramente informal pero no excesivamente íntima o confortable. Siguiendo este criterio, se ha elegido una entonación cromática fría y pulcra. Los dorados y plateados logran un discreto juego de brillos que responde por igual a una iluminación natural o artificial.

MATERIAL NECESARIO

- Tipografía transferible
- Fotocopias ampliadas
- Hojas de poliéster
- *Cutter*
- Pintura satinada blanca
- Tintes de color ocre y negro
- Rotuladores de color oro y plata

1 Para realizar las plantillas, se amplía la tipografía sobre hojas de poliéster mediante fotocopias. El tamaño de estas ampliaciones debe rondar los 12 cm, en su dimensión mayor. Se recortan las letras procurando que sus rectas y sus curvas presenten un perfil lo más limpio posible.

Las hojas de poliéster son más manejables y fáciles de recortar que las de acetato, mucho más rígidas y quebradizas. Son también más delgadas, por lo que debemos trabajar con cuidado para no doblarlas.

2 El color de base es una mezcla de blanco satinado con ocre y un poco de negro. El satinado permitirá que los rotuladores corran bien y no dejen huellas. El color resultante deberá ser un tono marfil no demasiado oscuro.

3 Antes de aplicar el rotulador debe agitarse bien para que la tinta ascienda por la mecha de fieltro y probarse el trazo sobre un papel aparte. No debe empezarse a estarcir hasta que el rotulador dé un trazo continuo y saturado.

Para facilitar el estarcido conviene cortar tiras de poliéster en las que tengamos recortadas dos o tres letras. También pueden recortarse letras individuales para sujetarlas a la pared con cinta adhesiva y comprobarse el efecto que ofrecerá la distribución final.

4 Algunas letras presentan los cortes típicos de la tipografía utilizada en las cajas y embalajes. Aunque en este proyecto se ha respetado esta peculiaridad, también puede suprimirse uniendo todos los contornos. En todo caso, existe una amplia gama de tipografía transferible para escoger.

5 Si el trazo del rotulador presenta irregularidades claramente visibles, pueden rectificarse los errores repintando esos salientes con la mezcla utilizada para pintar la pared. Una vez seco el color podría volver a insistirse con el rotulador si fuera preciso.

La alternancia entre letras perfiladas y letras llenas depende del gusto personal. Hay que considerar, sin embargo, que muchas letras llenas tenderán a sobrecargar la decoración de zonas brillantes, llevando a un resultado visualmente "pesado".

Debemos tener en cuenta que el color plata es bastante más oscuro que el oro cuando no brilla. Por lo tanto será conveniente utilizarlo en la zona media y alta de la pared.

6 Durante el estarcido deberían alternarse las letras perfiladas con letras de color entero, alternando también el color plata con el dorado. Al trazar los contornos debe trabajarse con decisión y cierta rapidez, porque las vacilaciones suelen traducirse en errores en el trazo.

7 Puede ocurrir que el rotulador deje de fluir tras algún tiempo de haberlo utilizado en posición invertida. Para solventar esta circunstancia basta con volver a agitarlo hasta que la tinta ascienda de nuevo por la mecha.

Plantillas

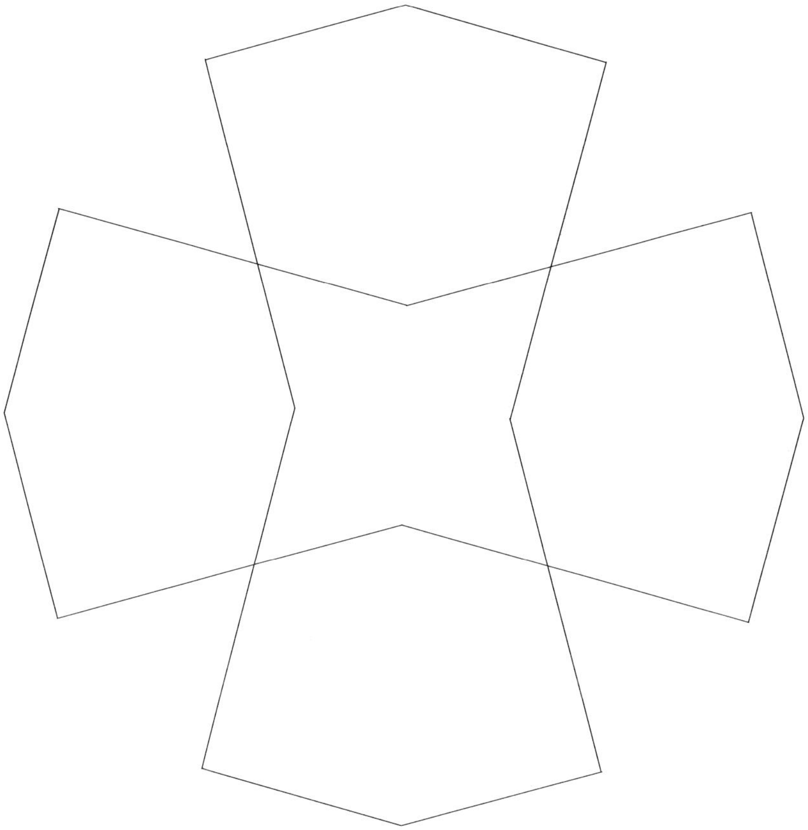

ABCDEF
GHIJKLM
NOPQRS
TUVWXYZ

ABCDEFGHJKLM
NOPQRSTUVWXYZ

Agradecimientos

A Parramón Ediciones, S.A. por su apoyo y permanente colaboración en la realización de la obra, y muy especialmente a Jordi Martínez, Adriana Berón y Mª Carmen Ramos por los consejos y la ayuda que me han brindado en todo momento.

A los fotógrafos Joan y Jaume, de *Nos & Soto,* por su paciencia e interés a lo largo del proceso fotográfico.

A Claudia Valsells, de *Arts & Claus,* por sus orientaciones y por los estucados y las imitaciones de madera y piedra de la página 16, así como por el marmolado, las imitaciones de mosaico, baldosa y cornisa y las decoraciones en trampantojo de la página 7 y 17.

A Montse Junyent, de Pinturas Bruguer, por la cesión de pinturas, materiales, catálogos y cartas de color.

Al Sr Escoda por la cesión de las brochas especiales para decoración que aparecen en la página 18.

A Rocío Sacristán, de Talens España, por la amable cesión de pinturas acrílicas.

A Cecilia Innes por las fotografías que ilustran la portada y las páginas 12 y 13.

En nombre de Parramón Ediciones también quiero agradecer a una serie de firmas por la gentil cesión de sus materiales y/o facilitación de información técnica. Su valiosa colaboración ha sido decisiva en la edición del presente libro:

Arts & Claus
Via Augusta, 90 Barcelona

Pinturas Bruguer
Av. Eduardo Maristany 58-90, Sant Adriá del Besós (Barcelona)

Pinceles Escoda Sabatés, S.A.
Sabadell (Barcelona)

M. L. P.